AF450619

ANATOMIE

DES PARTIES

DE LA GÉNÉRATION

DE L'HOMME ET DE LA FEMME,

REPRÉSENTÉES AVEC LEURS COULEURS NATURELLES,

SELON LE NOUVEL ART,

JOINTE A L'ANGÉOLOGIE

DE TOUT LE CORPS HUMAIN,

ET A CE QUI CONCERNE LA GROSSESSE

ET LES ACCOUCHEMENS.

Par M. *GAUTIER DAGOTY* Pere ; *Anatomiste Pensionné du Roi.*

Imperfectus adhuc infans genitricis ab alvo. (Ovid.)

A PARIS,

Chez J. B. BRUNET, Imprimeur - Libraire de l'Académie Françoise , &
DEMONVILLE, Libraire, rue Saint Severin, vis-à-vis celle Zacharie,
aux Armes de Dombes.

M DCC. LXXIII.

AVEC APPROBATION ET PRIVILÉGE DU ROI.

ANATOMIE

DES PARTIES DE LA GÉNÉRATION

DE L'HOMME ET DE LA FEMME,

REPRÉSENTÉES AVEC LEURS COULEURS NATURELLES,

SELON LE NOUVEL ART,

JOINTE A L'ANGÉOLOGIE

DE TOUT LE CORPS HUMAIN,

ET A CE QUI CONCERNE LA GROSSESSE

ET LES ACCOUCHEMENS.

SI les anciens Philosophes ont donné à l'Anatomie, toute imparfaite qu'elle fût de leur temps, le premier rang parmi les Sciences naturelles, à cause de l'excellence de son objet, quelle considération ne mérite-t'elle pas aujourd'hui, étant devenue la plus certaine de toutes les parties de la Médécine, par les utiles & savantes découvertes qu'on y fait encore tous les jours ?

Il seroit superflu de vouloir prouver son excellence à ses Amateurs, & à ceux qui en font leur étude. Son objet, qui est le Corps Humain, ouvrage le plus parfait qu'ait produit la main du Créateur ; son but, qui est la santé, bien si précieux, en font assez connoître l'importance.

Les Anatomistes ont beaucoup d'obligation à *André Cesalpinus*, qui découvrit la circulation du sang, dès l'année 1593 ; à *Harvée*, qui la démontra en l'année 1627 ; à *Virsungus*, qui a trouvé le canal pancréatique ; à *Asellius*, qui a fait voir les veines lactées ; à *Pecquet*, qui le premier a démontré le canal torachique ; mais ils n'en ont pas moins aux célebres Anatomistes qui ont enseigné au Jardin Royal, & desquels je me dis Eléve, avec raison, ayant disséqué plusieurs années avec M. Duverney, avec qui j'entrepris d'abord de donner mon premier Cours d'Anatomie ; mais il ne vît éclore sous ses yeux que la premiere partie de cet Ouvrage, c'est-à-dire, la Myologie & quelques piéces du cerveau. Après sa mort, je suivis son plan & ses intentions ; & les augmentations même que je donne aujourd'hui, sans son secours, tiennent cependant à ce plan général, qu'il avoit si habilement imaginé, & dont il m'avoit souvent entretenu. Le Public n'aura pas peine à croire que pour l'execution, il ne m'ait fallu employer plusieurs années dans des recherches nécessaires depuis ma premiere Edition. La vue des Planches de cette partie ici où l'Angéologie est exposée dans son plus grand jour, suffira pour assurer ce fait. Je n'ai rien négligé ; & pour la plus grande utilité des Etudians, je joins à mes Planches, & à leurs explications, des dissertations courtes, qui les mettront en état de concevoir aisément les parties contenues dans chaque Planche.

J'y ajoute un abrégé de la fonction de chaque viscere en particulier, afin que rien ne manque de tout ce qui peut faciliter la connoissance des principales secrétions qui se font dans le Corps Humain.

L'ANGÉOLOGIE, PLANCHES Ire ET IIe.

Ces deux Planches représentent une Angéologie complette.

PREMIERE PLANCHE.

Angéologie de la Tête, de la Poitrine, du Bas-Ventre, & des extrémités supérieures.

FIGURE PRÉMIERE.

1. 2. 3. 4. LE Cœur.
2. Sa Pointe.
1. 3. Sa Base. 3. L'Oreillette droite.
4. L'Artère pulmonaire.
5. L'Aorte & sa courbure.
6. Le tronc commun de la Carotide gauche.
7. La Souclaviere gauche.
8. L'Artère cervicale.
9. La Mammaire externe.
10. Le tronc commun de la Carotide droite & de la Souclaviere.
11. Les troncs communs des Carotides droites.
12. La Sousclaviere.

13. La Cervicale. (*Planche I. fig. I.*) l'Axilaire (*id. fig. II.*)
15. La Carotide interne.
16. La Carotide externe. (*Voyez la carotide externe détachée.*)
Branches anterieures.
a. La *Thyroïdienne*, premiere branche.
b. La *Sublinguale*, deuxiéme branche.
c. La *Maxilaire* inférieure, troisiéme branche.
d. La *Maxilaire* externe, ou antérieure.
e. La *Maxilaire* interne. Celle-ci est divisée en trois rameaux.
f. Celui qui va à la fente orbitaire.
g. Le second qui va dans le canal de la mâchoire inférieure.

A

h. Le troifiéme, qui monte entre la carotide externe & la carotide interne. Cette artère ainſi diviſée, eſt la cinquiéme branche antérieure de la carotide.
i. Sixiéme branche qui va au muſcle maſſeter.

Branches poſtérieures.

k. L'*Occipital*, feptiéme branche, premiere branche poſtérieure.
l. L'*Auriculaire*, huitiéme branche de la carotide externe, & ſeconde branche poſtérieure.
17. 18. La veine cave ſuperieure.
18. Sa Bifuration.
19. Les Souſclavieres.
20. Le tronc commun des Jugulaires gauches.
21. Le tronc de la Jugulaire externe droite, & ſes ramifications.
22. Celui de la Jugulaire interne.
23. 24. Les Vertebrales.
25. La Mammaire externe.
26. Les Torachiques inférieures.
27. Origine de la Céphalique gauche. 28. Celui de la baſilique.
29. La Veine ſcapulaire.
30. La Céphalique droite.
31. La Baſilique du même côté.
32. Rameau interne.
33. La Veine profonde.
34. La Médiane Céphalique.
35. La Médiane Baſilique.
36. Rameau interne & profond de l'Avant-bras.
37. L'union des Medianes.
38. La Mediane de Riolan.
39. Les Salvateles.
   (*Voyez pour ces veines la fig. II.*)
40. L'Artère Brachiale.
41. La Cubitale.
42. La Radiale.
43. L'Interoſſeuſe.
44. Les Colatérales du bras.
45. La Veine cave inférieure.
46. Les Veines hépatiques.
47. Le tronc de la Veine porte, & ſes diviſions dans le foie.
48. La petite Meſaraïque.
49. (au lieu de 49.) La grande Meſaraïque.
50. L'endroit où part la Veine pilorique.
51. La Veine ſplénique, la Veine ciſtique & la duodénale partent de cet endroit; l'une pour la véficule du foie, & l'autre pour le duodénum. (On les verra ailleurs).
54. Les Emulgentes.
55. Ses diviſions ſur les reins.
56. Artères émulgentes dans le rein droit.
57. & 58. Les Surenales du rein gauche, & les glandes ſurenales.
59. Les veines Spermatiques.
60. Les Iliaques communes.
61. Les Iliaques externes, antérieures.
62. Les Hypogaſtriques, ou Iliaques internes poſtérieures.
63. Endroit d'où partent les Epigaſtriques.
   (*On verra ailleurs d'autres diviſions plus détaillées*).
64. Les Veines crurales.
66. Endroit d'où partent les Inguinales & les Honteuſes.
67. La Saphene.
   (*Ces dernieres veines ici appartiennent aux extrémités inférieures.*)
68. L'Aorte deſcendante inférieure.
69. Le tronc Cæliaque, diviſé en trois, l'Artere hépathique, l'ſplénique & la coronaire ſtomachique.
73. La Meſenterique ſupérieure, ou grande Meſenterique.
74. L'Artère meſenterique inférieure.
75. Les Arteres reinales & capſulaires.
76. Les Spermatiques.
77. Les Iliaques communes.
78. Les Iliaques externes. (*On voit ici les Epigaſtriques*).
79. Les Hipogaſtriques.
80. Les Crurales.
81. L'honteuſe externe *. Les trois branches crurales.
82. *La groſſe veine du penis.*
83. Les Artères de l'honteuſe interne qui l'accompagnent.

A. Le Deltoïde. A A. Coupe des muſcles du bas-ventre.
B. Coupe du pectoral.
C. Le Brachial.
D. Portion de ce muſcle.
E. L'Ancoré interne.
F. Le Sublime.
G. Le court Supinateur.
H. Le Cubital interne.
I. T. Le Quarré pronateur.
K. Les Tendons du ſublime.
L. Coupe du Diaphrague.
M. Coupe du Steraomaſtridien.
N. Les Occipitaux.

a. Le Coronal.
b. Les Pariétaux.
c. Les Temporaux.
d. Le Zigomatique.
e. Son Apophiſe.
f. g. Le Maxilaire.
h. L'Os conguis.
i. Les Orbites.
k. La Fente orbitaire. L'artère qui en ſort, eſt une branche de la carotide interne, qui communique avec le premier rameau de la cinquiéme branche de la carotide externe.
l. Le Trou optique, & l'artère qui accompagne le nerf, optique qui eſt une branche de la carotide interne.
m. Le Trou orbitaire, avec l'artère qui en ſort, qui eſt une diviſion de la maxilaire interne.
n. Le Trou fourcilier, & le rameau qui en ſort, qui eſt une diviſion de l'artère qui accompagne le nerf optique.
o. La Mâchoire inférieure.
p. La Simphiſe.
q. La Lévre externe de la baſe du menton.
r. L'Apophiſe coronoïde, l'Apophiſe condiloïde. *s* eſt cachée.
t. Les Dents incifives.
v. Les Canines.
x. Trou mentonier, & l'artère qui en ſort, qui eſt une diviſion de la maxilaire interne.
a. Les Os pubis.
b. Les bords de la cavité cotiloïde de l'os des iſles.
c. Coupe de la Clavicule.
d. L'Os du bras, dit humerus.
e. Condyle interne.
f. Condyle externe.
g. La tête du raion.
h. La partie ſupérieure de l'os du coude.
i. L'Os orbiculaire du carpe ou piſiforme, & la premiere phalange du pouce.
k. Le Femur, ou os de la cuiſſe.
l. La tête de cet os.
m. Son col.
n. Le grand Trocanter.

a. Les glandes thiroïdienes.
b. La trachée artère.
b b. La Véſicule du fiel.
c. Le Rein droit ouvert, où l'on voit le baſſinet diſſéqué avec l'origine des ureteres.
c c. Le conduit Ciſtique.
d d. Le conduit Cholidoque.
d. L'Uretère, ou conduit du baſſinet dans la veſſie.
e. Le Rein gauche.
f. L'Uretère de ce rein.
g. Portion du Peritoine.
h. La Veſſie.
i. L'Ouraque.
k. La Verge.
l. Le Gland.
m. Les Teſticules, dont le gauche eſt diſſéqué, & les épididimes détachés.
n. Les Epididimes.
o. Les Vaiſſeaux déférens.

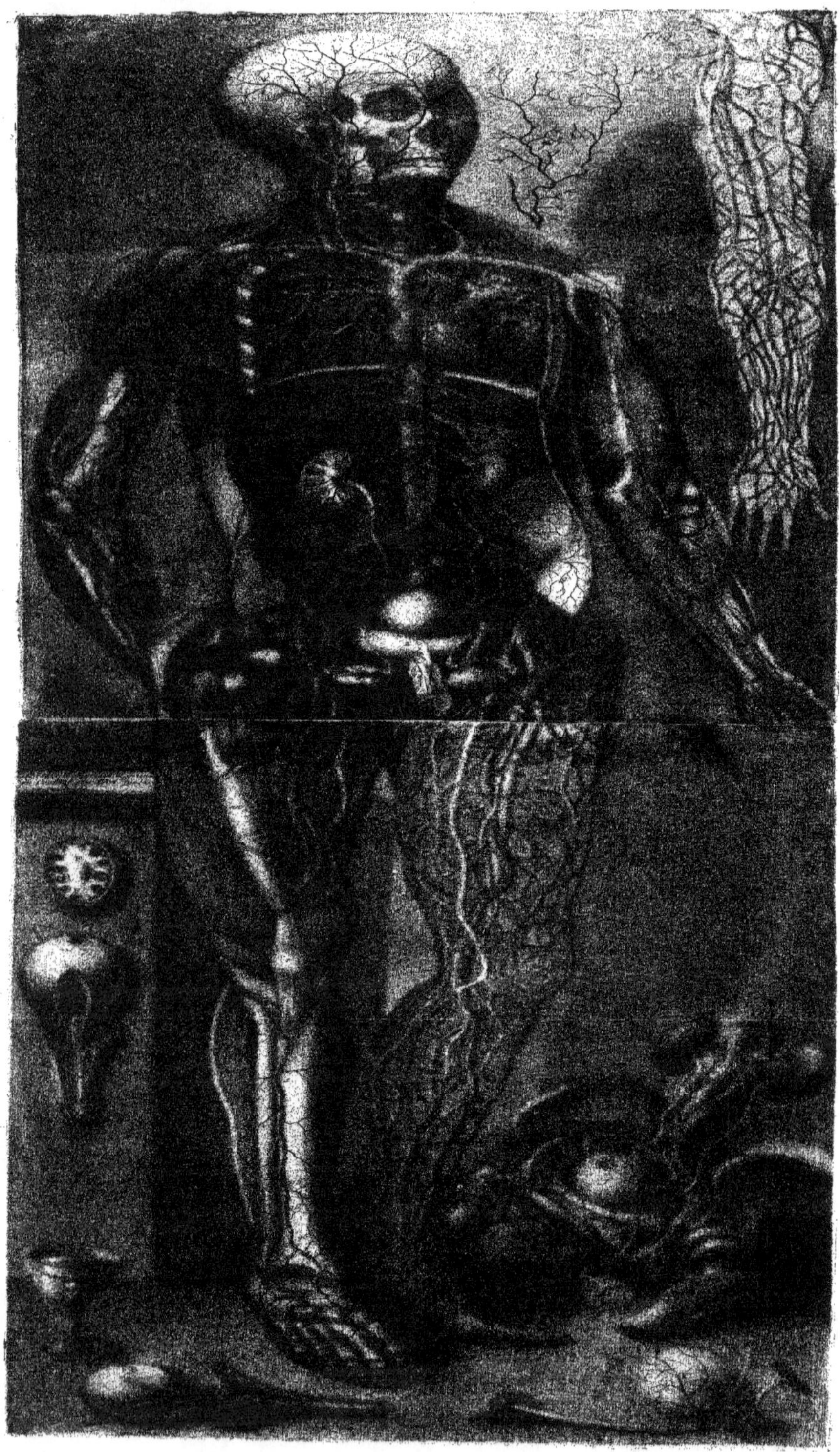

SECONDE PLANCHE.

FIGURE I.

Cette Figure contient l'Angéologie des extrémités inférieures de la premiere Figure de la seconde Planche.

Les Veines & les Arteres.

84. **L**A Saphene.
85. Sa Branche postérieure.
86. La Veine crurale.
87. La Sciatique.
88. La Saphene externe.
89. La Poplitée.
90. La Tibiale antérieure.
91. La Tibiale postérieure.
92. La Veine peroniere.
93. L'Artère crurale.
94. L'Artère poplitée.
95. Anastomoses de la tibiale postérieure.
96. L'Artère tibiale antérieure.
97. L'Artère tibiale postérieure.
98. La Peroniere & sa branche antérieure.

LES MUSCLES.

n. Le Vaste externe.
o. Le Triceps.
p. Portion du Vaste interne.
q. Fibres tendineuses du vaste interne.
r. Le Grêle interne.
s. Coupe des jumeaux.
t. Attaches du Tibial postérieur.
u. Les interosseux.

LES OS.

n n. Le Fémur.
o o. Le petit Trocanter.
r. La Rotule.
s. L'Os Tibia.
t. La Tête de cet Os.
u v. La Baze du Tibia.
v. La Maleole interne.
x. Le Peroné.
y. La Tête de cet Os.
z. La Baze du Peroné.
a. Le Calcaneum.
b. L'Astragal.
c. L'Os Scaphoïche, ou Naviculaire.
d. Le Cuboïde.
e. Les trois Cunéiformes.
1. 2. 3. 4. 5. Les Os du Metatarse.

FIGURE II.

(*Cette Figure représente le Bassin, garni des Vaisseaux du bas ventre, & des parties de la Génération de l'Homme*).

I K. La Crête de l'Os des Isles du côté gauche.
L M. Celle du côté droit.
N. L'Epine antérieure.
O. Le bord de la Cavité cotiloïde.
P Q. L'Os Ischion.
R S. L'Os Pubis.
T. La Simphise, & le Ligament suspensoire.
U. La Tête du Fémur.
V. Le Col de cet Os.
X. Le grand Trocanter.
Y. Le petit Trocanter.
Z. La partie Supérieure de l'Os de la cuisse.
a. Le Tronc de l'Aorte descendante inférieure.
b. La coupe du Tronc cœliaque.
c. Le Tronc de la Mesenterique supérieure.
d e. Les Reins.
f. Les Uretères.
g. La Bifurcation de l'Aorte.
h. Les Artères émulgentes.
i l. Les Glandes suréinales.

m n. Les Artères spermatiques.
o. La Mesenterique inférieure.
ii. ll. La Veine cave inférieure.
mm. nn. Les Veines émulgentes.
oo. pp. Les Spermatiques.
qq. Les Arteres iliaques.
r. fs. Naissance des hypogastriques.
t. L'Artère sacrée.
hh. La Veine crurale.
cc. L'Ouraque.
f. La Vessie.
g. La Verge & le Gland.
E E. Le Testicule coupé à tranche.
F F. Le Testicule entier.
G G. H H. Les Vaisseaux déférens.
H. Naissance des Veines & Artères honteuses.
Q. Attaches inférieures des muscles érecteurs.

FIGURE III.

A. B. C. D. Le Rein ouvert.
A. La substance Corticale.
B. Les intervalles des Calices, & la substance canelée.
C. Les Mammelons coniques, qui rassemblent les petits caneaux excréteurs des glandes de la substance corticale.
D. Les Calices membraneux qui sont aux extrémités des Mammelons.
E. Les Bassinets, au nombre de trois dans les hommes.
F. Le Tronc qu'ils composent, lequel Tronc fait le commencement des uretères.

FIGURE IV.

C. D. Ouverture de la Vessie.
F. Fond intérieur de la Vessie.
G. Ouverture des Ouraques.
H. Col intérieur de la Vessie.
b. b. Les Orifices des glandes prostates.
cc. Le Verumontanum.
dd. Le Canal de l'uréthre.
I. La Glande prostate.
L. Coupe du Corps caverneux droit.
O. Le Corps caverneux droit.
P. Le Bulbe découvert par la coupe de la prostate, du côté droit.
Q. L'extrémité du Canal de l'uréthre.
S. Le milieu du Canal.
X. Coupe des Muscles érecteurs du corps caverneux.

FIGURE V.

Elle représente l'embrion sorti du canal de l'uréthre, reçu dans un verre d'eau. Cette expérience a été faite avec un Etalon & une Jument. L'Etalon retiré, par le moyen d'un chantier, dans le moment de l'éjaculation, & la semence reçue dans l'eau, avec un baquet sous le ventre de la Jument, a paru tout formé, de couleur d'ambre & opaque, dans une glaire transparente & verdâtre, ce qui composoit la liqueur séminale. Cette expérience répétée plusieurs fois, & que tout le monde peut faire, détruit le système des œufs. Il faut cependant que l'éjaculation se fasse d'un seul jet pour réussir : car autrement l'embrion se déchire. Les mois de Mai & de Juin sont les temps convenables.

FIGURE VI.

B. La Vessie.
N. Les Muscles érecteurs.
P. La Glande prostate.
Q. Le Bulbe.
R. Les Corps caverneux.
S. Le Canal de l'Uréthre.
MM. Coupe de la Verge.
O. M. Les Vésicules séminales.
L. Le Canal déférent.
B. Les Uretères.

FIGURE VII.

Q. S. La verge dépouillée des corps caverneux.
S. Le canal de l'Uréthre.
Q. Le Gland.
T. La Veffie.
U. L'Artère hipogaftrique.

DE L'AORTE SUPÉRIEURE.

L'Aorte eft divifée, par les Anatomiftes, en Aorte *af-cendante* & *defcendante*. On donne le nom d'*afcendante*, à celle qui eft comprife depuis le cœur jufqu'au haut de fa courbure, & la continuation eft appellée *defcendante*. Je la divife cependant en fupérieure & inférieure, en la partageant par le diaphragme.

L'Aorte (5. *Planche I.*) donne dès fa naiffance de petites artères qui vont au cœur & à fes oreillettes, qu'on appelle artères *coronaires*; elle produit, de la partie fupérieure de fon arcade, trois ou quatre groffes branches affez prochcs les unes des autres, dont voici le détail. Si ces branches font au nombre de trois, la premiere fe détourne à droite, & fe divife tout auffi-tôt en deux parties, dont l'une qui paroît la continuation du principal tronc, eft la fouclaviere; l'autre, eft l'artère carotide droite. La feconde branche, eft la carotide gauche, & la troifiéme, eft la fousclaviere gauche. Il arrive très-rarement qu'il n'y ait que deux branches pour ces quatre artères. Lorfqu'il fe rencontre quatre branches fur la courbure de l'Aorte, alors, les deux mitoyennes font les carotides droites & gauches, & les autres les fouclavieres, de l'un & l'autre de ces côtés.

Après la fouclaviere gauche, l'Aorte finit fa courbure, & defcend prefque d'aplomb jufqu'à l'os facrum, où elle fe fépare en deux groffes branches. Nous parlerons de ces divifions en général; il n'eft queftion ici que de ce qui regarde les artères expofées dans la premiere & feconde Planche; nous réfervons pour d'autres Tables ce qui concerne la tête & les artères du col.

Les *artères fouclavieres* fe nomment ainfi, parce qu'elles font pofées fons les clavicules, & en ont à peu près la même direction. La fouclaviere droite eft plus longue, par la fituation de l'Aorte, que la gauche; elle eft plus fupérieure & plus antérieure; elle produit d'abord des petites artères pour le thymus, pour le pericarde, pour le mediaftin, &c. Ces artères fortent féparément de la fouclaviere, ou par des troncs communs, & portent le nom des parties qu'elles arrofent. Après la carotide droite, qui produit ordinairement la fouclaviere, donne quatre branches confidérables, qui font, *la mammaire interne, la cervicale, la vertebrale & le tronc des intercoftales fupérieures*. Quelquefois ce tronc ici part de l'Aorte même.

La *mammaire interne* fort antérieurement & un peu inférieurement de la fouclaviere, defcend à côté du fternum, à environ un travers de doigt de diftance de cet Os, fous les portions cartilagineufes des vraies côtes; elle donne des rameaux au thymus, qui s'anaftomofent avec la tinique en plufieurs endroits, au mediaftin, au pericarde & aux mufcles intercoftaux, où il y a auffi des anaftomofes avec les petites artères particulieres de ces parties dont nous parlerons; elle s'anaftomofe auffi par plufieurs de ces rameaux avec la mammaire externe, fur-tout dans l'épaiffeur du grand pectoral; elle fort de la poitrine à côté du cartilage xiphoïde, fe perd dans les mufcles droits du bas-ventre, où elle communique avec les épigaftriques. En paffant, elle donne auffi des rameaux au peritoine.

La *cervicale* naît fupérieurement de la fouclaviere. Nous en parlons ailleurs, ainfi de que la *vertébrale*, qui fort poftérieurement, & un peu fupérieurement de la fouclaviere.

L'*Intercoftale fupérieure*. Quand cette artère naît de la fouclaviere, elle fort inférieurement de cette artère, & defcend fur la face interne des deux, trois ou quatre vraies côtes fupérieures, où elle fournit autant de branches qui fuivent les côtes, & fourniffent du fang aux mufcles intercoftaux; donnent des rameaux aux mufcles fouclaviers, fterno-maftoïdien, vertébraux, & au grand & petit pectoral; au corps des premieres vertèbres du dos: & par l'échancrure de ces vertebres, elles donnent des arterioles à la moële de l'épine & à fes enveloppes. Les intercoftales fupérieures naiffent quelquefois de l'artère Bronchiale voifine.

Toutes ces artères fe verront à leur naiffance dans d'autres figures, & n'ont pas befoin d'être expliquées.

Le *Ligament Arteriel* naît de l'Aorte après la fouclaviere gauche, & va à l'artère pulmonaire : il eft rétréci & toutà-fait bouché dans les Adultes; mais il fert de canal au fang artériel dans le *Fœtus*. On le voit dans la huitiéme Planche; il fert alors pour le paffage du fang de l'artère pulmonaire dans l'aorte, comme le conduit veineux dans le fœtus, qui fert à porter le fang dans la veine cave inférieure.

L'*Artère Bronchiale* fort de l'Aorte fupérieure féparément pour chaque poumon, & quelquefois par un feul tronc, qui fe divife enfuite à droite & à gauche, pour entrer dans le poumon, & fuivre les branches, ou vaiffeaux aëriens. Il arrive qu'on la trouve quelquefois auffi fortir de la premiere artère intercoftale, ou de l'artère œfophagienne. Il y a beaucoup de variété dans ces artères. Mais ce qu'il y a d'admirable, c'eft que de quel côté qu'elles viennent, elles aboutiffent toujours aux parties qui leur font deftinées. Quelquefois elles naiffent de diverfes façons de chaque côté. Celle du côté gauche vient affez fouvent de l'Aorte, pendant que celle du côté droit vient de l'intercoftale fupérieure, ce qui provient de la fituation de l'Aorte, & pour la plus grande harmonie. On voit dans la nature un deffein qui ne fauroit être enfanté du hafard prétendu de nos Epicuriens. Cette artère bronchiale jette fur l'oreillette du cœur la plus voifine une petite branche qui communique avec l'artère coronaire.

M. Vinflow, grand Anatomifte Obfervateur, a remarqué dans fes diffections en 1719, des communications trèsmanifeftes entre les rameaux de la veine pulmonaire gauche, & les rameaux d'une artère œfophagienne, qui venoit de la premiere artère intercoftale gauche, conjointement avec une artère bronchiale du même côté. Mais ce que je trouve encore de plus particulier, c'eft ce qu'affure le même Auteur, d'avoir obfervé vers ce temps-là une communication de l'artère bronchiale gauche avec la veine azigos; & en 1721, au mois d'Avril, dans une diffection, il nous affure encore avoir trouvé un rameau de l'artère bronchiale gauche s'anaftomofer dans le corps de cette veine. L'anaftomofe des artères avec des veines dans leur tronc, ou principales branches, eft difficile à croire; elle ne peut être admife que dans les vaiffeaux capillaires; il faut cependant le croire, d'après M. Winflow, & fuppofer quelques particularités qui font échappées à fes obfervations.

Les *Artères œfophagiennes* fortent d'un feul tronc, qui vient antérieurement de l'Aorte fupérieure, ou de quelques troncs féparés, & fe diftribuent aux œfophages jufqu'aux diaphragmes quelquefois, comme nous verrons; la fupérieure de ces artères produit l'une des artères bronchiales.

Les *Artères intercoftales inférieures*, font celles qui fuivent les côtes inférieures au-deffous des deux, trois ou quatre premieres, felon que celles-ci font fuivies par les intercoftales fupérieures dont nous avons parlé ci devant. On les verra ailleurs. Elles naiffent le long de la partie poftérieure de l'Aorte defcendante par paire, jufqu'au diaphragme, & fe portent tranfverfalement fur le corps des vertèbres; celles du côté droit paffent derriere la veine azigos, & vont enfuite le long du bord inférieur de chaque côté, jufqu'à l'fternum fur les mufcles intercoftaux. Ces artères jettent des rameaux aux mufcles vertébraux, aux mufcles extérieurs qui couvrent la poitrine, & en dedans, à la plevre, & s'anaftomofent avec les épigaftriques; & celles des fauffes côtes, avec les artères lombaires. Il fe trouve quelquefois dans les diffections, que les intercoftales n'ont qu'un feul tronc commun à chaque artère, qui fe divife enfuite à droite & à gauche. Ces artères jettent chacune un rameau en arriere, qui va dans le canal de l'épine du dos, lequel fe divife enfuite pour entourrer la moële de l'épine, & s'anaftomofer avec l'artère voifine; ce qui forme comme des anneaux. Il faut obferver que vers le milieu de la côte, ou plus avant, les intercoftales fe bifurguent, & donnent deux branches, dont une perce & fort en dehors, & l'autre route interne, & fuit, comme nous avons dit, les branches externes des fauffes côtes, fe recourbant en bas l'une après l'autre, comme par degrés, pour fe répandre fur les mufcles du bas-ventre, communiquant avec les lombaires, & fouvent avec les hypogaftriques. Les branches internes des fauffes côtes vont aux mufcles du diaphragme.

L'artère fouclaviere (*id.* 12) étant fortie de la poitrine, par

l'écartement

cartement du muscle scalene, reçoit le nom d'*axillaire*. Nous parlerons des branches principales de cette artère ; il n'est question ici que de suivre les artères de la poitrine.

Cette artère donne dans son passage de sa partie interne une *petite* branche qui va à la face interne de la première côte, après, elle jette quatre ou cinq branches principales, qu'on nomme *torachique supérieure, torachique inférieure, scapulaire externe, scapulaire interne & humérale*.

La *torachique supérieure* s'appelle aussi *mammaire externe*. Cette artère serpente sur la partie extérieure de la poitrine, donne le sang aux mammelles, aux muscles souclaviers, grand dentelé, aux pectoraux, au grand dorsal, & même à la partie supérieure du coraco-brachial & du biceps. Il faut observer dans cette artère qu'elle donne un rameau qui descend entre le muscle deltoïde & le grand pectoral avec la veine céphalique. Ce rameau est si étroitement collé à la veine, & tend si fort à s'insinuer dans sa propre tunique, que quelques-uns ont cru qu'il y avoit anastomose, ce qui se voit aussi presque par tous les anneaux spermatiques ; adhérence qui peut avoir fait croire l'anastomose de l'artère bronchiale avec la veine azigos dont nous avons parlé ci-devant.

La *torachique inférieure* est pour la partie postérieure & externe de l'omoplate ; elle va au muscle souscapulaire, grand rond, petit rond, sous-épineux, grand dorsal, grand dentelé ; elle communique avec les artères souscapulaire & intercostales voisines.

L'*Scapulaire interne* naît de l'axillaire ensuite, & se jette sur la partie postérieure, pour se distribuer aux muscles souscapulaire, grand dentelé, sous-épineux, & à la partie supérieure du grand anconé ; elle jette des rameaux aux glandes axillaires.

La *Souscapulaire externe* sort à côté de la précédente, passe par l'échancrure de la côte supérieure de l'omoplate, pour se jetter aux muscles sus-épineux & sous-épineux, grand rond, & petit rond, & à l'articulation de l'omoplate avec l'os du bras.

L'*Humérale* regarde plutôt le bras que la poitrine ; elle naît inférieurement, & un peu antérieurement de l'axillaire, & se jette autour de la tête de l'os du bras, pour embrasser l'articulation, & aller gagner la partie supérieure du muscle deltoïde où elle se distribue. Sa direction est de devant en arrière ; mais il en naît de l'axillaire une autre petite humérale, qui a une direction opposée, & toutes les parties de cet endroit sont principalement arrosées de ces deux artères.

LES ARTERES DES EXTRÉMITÉS *supérieures.*

L'*Axillaire*, (Planc. I. fig. II. 13.) après la branches dont nous venons de parler, passe immédiatement au-devant du grand pectoral, où elle change de nom, & s'appelle artère brachiale.

L'*Artère brachiale* descend le long de la partie interne du bras sur le muscle coraco-brachiale, & l'anconé interne, le long du bord interne du biceps, derrière la veine basilique, où elle fournit de part & d'autre des rameaux aux muscles voisins, au periofte & à l'os. Cette artère n'est couverte que de la graisse & de la peau, depuis l'aisselle jusqu'au milieu du bras ; elle se cache ensuite sous le muscle biceps, en avançant un peu jusques vers le pli du bras. Pendant ce trajet, elle arrose les muscles voisins, les tégumens & même les nerfs.

De sa partie supérieure interne, elle jette un rameau qui descend en contournant en arrière à travers les muscles anconés, pour venir sur le devant du condyle externe, s'anastomose avec l'artère radiale, au-dessous de l'attache du grand rond ; elle donne un autre rameau qui se jette autour du bras, qui descend entre le muscle brachial & l'anconé externe, auxquels il se distribue & s'unit vers le condyle externe avec le rameau précédent. L'artère brachiale jette un troisième rameau au-dessous de celui-ci, qui descend vers le condyle interne, & communique avec d'autres branches de l'avant-bras, comme on verra ci-après.

Vers le milieu du bras, en s'enfonçant sous le biceps, l'artère brachiale jette un rameau qui se distribue au periofte, & s'enfonce dans l'os du bras, entre le brachial & l'anconé interne. Cette artère brachiale jette ensuite d'autres rameaux, pour le petit anconé & l'anconé interne, & va com-

muniquer avec les rameaux de l'avant bras ; l'autre ensuite qui sort vers la partie moyenne du bras, va derrière le condyle interne, en accompagnant un gros nerf, traverse les muscles attachés dans cet endroit, & communique avec un rameau de l'artère cubitale qui embrasse le pli du bras. Quelquefois il naît de cet artère un autre rameau plus bas que celui-ci, & qui va communiquer aussi avec un rameau qui remonte de l'artère cubitale. On nomme ces trois rameaux qui communiquent ainsi, artères collatérales.

Le tronc de l'artère brachiale étant parvenu au pli du bras, se glisse avec une veine & un nerf immédiatement sous l'aponevrose du biceps, & passe sous la veine mediane, en se ramifiant sur les côtes voisines. C'est cette artère qu'il est aisé de percer, quand on pique la veine sans les précautions requises.

Cette artère ayant fait environ un travers de doigt de chemin au-delà du pli du bras, se divise en deux principales branches, dont l'une est appelée artère *cubitale*, & l'autre *radiale*. De cette bifurcation, l'artère brachiale jette des rameaux aux muscles long supinateur, & rond pronateur, à la graisse & à la peau.

L'*artère cubitale* s'enfonce entre l'os & la partie supérieure des muscles rond pronateur, sublime, radial interne & palmaire, & ensuite elle quitte l'os & se glisse entre les muscles sublimes, & cubital interne, jusqu'au poignet, pour aller gagner le ligament traversal interne, ou gros ligament du carpe. Dans ce trajet, elle fait plusieurs contours, & donne plusieurs branches.

Elle produit d'abord une artère récurrente, qui gagne le condyle interne, & va communiquer avec les artères collatérales dont nous venons de parler. Cette artère est accompagnée d'une autre petite qui environne une partie de l'articulation, & communique également avec les collatérales. L'artère cubitale, dans son passage entre les têtes de l'os du coude & du rayon, donne deux branches principales, qui sont les artères interosseuses externe & interne.

L'*artère interosseuse externe* perce le ligament interosseux à environ trois travers de doigt au dessous de l'articulation, & descend le long de la face externe de ce ligament, en donnant des petits rameaux recurrens, comme la cubitale ; elle se distribue dans son trajet aux muscles cubital externe, extenseur commun des doigts, extenseur propre du pouce, de l'index, & celui du doigt annullaire ; elle communique aussi dans ce trajet avec l'interosseuse interne ; à l'extrémité inférieure du coude, elle s'unit à une branche de l'interosseuse interne, pour se distribuer à la convexité du carpe, en communiquant avec les artères radiales & cubitales. Elle forme, par ces communications, une espèce d'arcade irrégulière, d'où il part des rameaux pour les muscles interosseux externes, & pour les parties lattérales des doigts.

L'*artère interosseuse interne* descend sur les ligamens interosseux, jusqu'au muscle rond pronateur ; entre lequel est le quarré pronateur. Elle perce le ligament, & gagne la partie externe & convexe du poignet, & le dos de la main où elle communique ; comme je viens de dire, avec l'interosseuse externe.

L'artère cubitale passe par-dessus le ligament traversal interne du poignet, à côté de l'os pisiforme, jette des rameaux à la peau, au muscle palmaire, au metacarpion, & se jette ensuite sous l'aponevrose palmaire, où elle arrose l'hipothenar du petit doigt, & porte des rameaux entre les tendons des fléchisseurs des doigts, & aux bases des os du metacarpe. Elle produit un rameau qui se glisse entre les troisième & quatrième os du métacarpe, & perce jusqu'au dos de la main, où il communique avec l'artère interosseuse externe ; & après avoir fourni aux muscles interosseux, il communique avec la radiale, & fait avec elle une arcade arterielle dans le creux de la main, dont la convexité regarde les doigts & jette de sa convexité trois ou quatre rameaux, dont le premier va à la partie lattérale interne & postérieure du petit doigt, jusqu'à son extrémité. Ce rameau, est quelquefois la continuation, ou une branche de celui qui va à l'hipothenar ; les trois autres rameaux de cette arcade palmaire, vont vers les interstices des quatre os du métacarpe, & vers les têtes desquels chacun se fend en deux rameaux, qui passent tout le long des deux parties lattérales internes de chaque doigt. Ces artères se communiquent par leur rencontre au bout des doigts. Quelquefois l'arcade palmaire de l'artère cubitale se termine par

B

un rameau intérieur du grand doigt ; pour lors, elle jette un petit rameau qui communique avec la radiale qui supplée à ce défaut.

Cette arcade jette aussi vers la seconde phalange du pouce un rameau vers la partie lattérale & interne de ce doigt, & elle se termine vers la tête du premier os du métacarpe, en communiquant de nouveau avec l'arètre radiale, après avoir donné un rameau au côté antérieur de l'index, & un au côté voisin du pouce, lesquels communiquent également au bout des doigts avec les autres rameaux de l'arcade palmaire.

La radiale, dans son principé, jette un rameau récurrent vers le pli du bras, qui se tourne autour du condyle externe en arriere, & communique avec des rameamx voisins du tronc de l'artère brachiale, & principalement avec les artères collatérales. La radiale descend le long de la partie interne du rayon, & glisse entre le long supinateur, le rond pronateur & les tégumens, en arrosant ces muscles, ainsi que les sublime, profond & court supinateur, d'où elle passe vers l'extrémité du rayon, en contournant & se ramifiant dans les fléchisseurs du pouce, & quarré pronateur ; à l'extrémité du rayon, elle s'approche de la peau, vers le bord antérieur de l'os, & forme l'artère du Médecin, c'est-à-dire, celle où l'on tâte ordinairement le pouls.

Au bout du rayon, elle jette un rameau qui va au muscle thenar ; elle communique dans cet endroit avec l'arcade palmaire de l'artère cubitale, & produit quelques rameaux cutanés au creux de la main, & en jette un tout le long de la partie lattérale interne du pouce, après quoi elle se jette entre ses premieres phalanges, & vers les tendons du même doigt, pour gagner l'interstice des bases de la premiere phalange, & du premier os du métacarpe, où elle se contourne vers le creux de la main. De ce contour, elle donne une branche à la partie lattérale externe du pouce, au bout duquel elle communique avec celles dont nous avons parlé, par une courbure ; ensuite la radiale se termine, en traversant le muscle demi-interosseux de l'index vers la base du premier os du métacarpe, en se glissant sous le tendon des fléchisseurs des doigts, où elle s'anastomose de nouveau avec l'arcade palmaire de la cubitale.

Cette artère, dans ce trajet, donne aussi un rameau pour la partie lattérale interne de l'index qui se rencontre au bout du doigt avec un rameau de l'arcade ; elle donne aussi un petit rameau qui se croise avec les muscles interosseux, & fait quelquefois une espéce de petite arcade irréguliere qui jette des arterioles de communication à la grande arcade cubitale.

Quand l'arcade palmaire de la cubitale aboutit au grand doigt, alors la radiale se glisse le long de la partie interne ou concave du premier os du métacarpe, pour se diviser à la tête de cet os en deux rameaux qui remplacent les divisions qu'auroit fait l'arcade, comme nous avons décrit ; & pour lors l'une des divisions du rameau de la radiale coule le long de la partie lattérale interne antérieure de l'index, & l'autre se glisse entre les tendons fléchisseurs de ce doigt, & l'os du métacarpe ; & ayant communiqué avec le rameau cubital du grand doigt, passe le long de la partie lattérale postérieure de l'index, pour s'anastomoser à l'extrémité de ce doigt avec le premier rameau de la radiale.

DE L'AORTE INFÉRIEURE.

On donne ici la description de l'aorte inférieure, & on verra en divers endroits ses divisions sur les Figures qui composent les Planches de cette partie ici.

(68. *Planc. I. fig. I.*) L'Aorte inférieure, après avoir passé entre les deux pilliers du diaphragme, pour entrer dans le ventre, fournit du côté gauche au diaphragme une artère appellée diaphragmatique inférieure.

(69. *Planc. I. fig. id.*) Immédiatement après, l'Aorte donne antérieurement un tronc assez considérable, nommé *Cœliaque*, lequel, après avoir donné une ou deux autres branches au diaphragme, se divise en trois branches principales, qui sont l'artère hépatique, la coronaire stomachique, & l'artère splénique.

L'Artère hépatique, avant que de se distribuer dans le foie, donne plusieurs branches. Elle en donne une au pilore, qu'on appelle *pilorique*, une au duodénum, appellé *duodénale*, une à la vésicule du fiel, appellée *cistique*, une à

l'épiploom, que l'on appelle la *gastrique droite*, qui regne tout le long de la grande courbure de l'estomac, & qui communique avec les branches coronaires de la stomachique ; les autres branches de l'artère hépatique vont enfin se perdre dans le foie, & se divisent en plusieurs branches, qui accompagnent les ramifications de la veine & porte les nerfs hépatiques : le tout est renfermé dans la capsule de Glisson.

La seconde branche du tronc cœliaque, est la *coronaire stomachique*. Lorsqu'elle est parvenue entre les deux orifices de l'estomac, elle se divise en deux branches ; l'antérieure se distribue à toute la partie antérieure de l'estomac, & la branche postérieure à toute la partie postérieure. Ces ramifications communiquent avec les vaisseaux courts, & les gastriques epiploïques, tant droits que gauches.

La troisiéme branche du tronc cœliaque est *l'artère splénique*, qui va à la rate. En son chemin, elle donne au pancreas des artères appellées *pancreatiques*. Elle en fournit au fond de l'estomac, qu'on nomme vaisseaux courts ainsi qu'à l'épiploom, qu'on appelle *epiploïques*, ou gastriques gauches.

Il faut observer que toutes ces branches partent du tronc, avant qu'il soit arrivé à la rate : ensuite il s'avance vers la cavité de la rate, où il se divise en plusieurs branches, qui s'implantent dans la substance de la rate.

(*Id.* 73.) Après le tronc cœliaque, l'Aorte fournit, dans sa partie antérieure, *la mesenterique supérieure*. Cette artère fait environ un pouce & demi de chemin, & forme une petite crosse qui se divise en sept branches, renfermées entre les deux feuillets du mésentere ; ces sept branches se divisent en plusieurs, dont deux sont situées du côté droit, & vont se rendre au cœcum & au colon ; les autres branches qui se portent un peu du côté gauche, se distribuent aux intestins duodenum, jejunum, ileum, & au cœcum, & elles s'anastomosent avec la mesenterique inférieure.

Au-dessous de la mesenterique supérieure, l'Aorte inférieure fournit de chaque côté les *arteres émulgentes* qui vont aux reins, d'où il part une branche & quelquefois deux, qui vont aux capsules attrabilaires ; souvent ces artères partent de l'Aorte même.

(75. *Même Planche.*) Les *artères émulgentes* font des arcades dans la substance interne du rein ; il sort de ces arcades quantité d'autres petits rameaux vers la circonférence, ou surface externe.

(76 *Même Planche.*) Les *artères spermatiques* sont deux petites artères qui naissent de la partie antérieure de l'Aorte, un peu au-dessous des émulgentes. Elles jettent d'abord en s'écartant, tant à droite qu'à gauche, à la membrane commune des reins, de petits rameaux nommés artères adipeuses ; ensuite, elles descendent sur les muscles psoas, par-devant les utetheres, entre les deux lames, ou feuillets du peritoine, auquel elles donnent des rameaux, & principalement aux parties voisines du mesentere, avec lesquelles elles communiquent, de même qu'avec les adipeuses ; elles donnent aussi des areoles aux urétheres, ensuite elles se distribuent aux ovaires & à l'utérus, & elles communiquent avec des rameaux de l'artère hipogastrique, vers les extrémités frangées des trompes de Fallope, dans les femmes, & aux testicules dans les hommes.

L'Aorte inférieure jette lattéralement les *artères lombaires* au nombre de cinq & six paires au plus, à peu près comme les intercostales. On peut les distinguer en supérieures & en inférieures. Les supérieures donnent de petits rameaux aux parties voisines du diaphragme & des muscles intercostaux ; elles tiennent même lieu de demi-intercostales ; quelquefois les paires viennent d'un tronc commun.

Elles se distribuent de côté & d'autre aux muscles psoas, aux quarrés, aux triangulaires, aux traversals & aux obliques du bas ventre. Elles percent ces derniers, & deviennent hipogastriques externes ; elles vont aux muscles vertébraux, au corps des vertébres, & entrent dans le canal de l'épine par les échancrures latérales des vertébres, par les membranes, &c. & y forment des anneaux à peu près comme les intercostales ; elles donnent aussi des artères aux nerfs.

L'Aorte inférieure se termine vis-à-vis la derniere vertébre des lombes, & quelquefois plus haut, où elle se divise lattéralement en deux grosses branches ; l'une à droite, & l'autre à gauche, appellées *artères iliaques* ; elles sont chacune le tronc commun de même nom.

De leur division, il part une artère, & quelquefois deux, qu'on appelle *sacrées*, qui se ramifient sur l'os sacrum, & sur les parties voisines de l'intestin rectum, & entrent par les trous antérieurs de l'os sacrum dans le canal de cet os, où elles se distribuent de côté & d'autre ; elles donnent aussi des arterioles aux gros cordons des nerfs qui y sont renfermés, & s'insinuent dans le tissu cellulaire intérieur de ce même os. Chaque iliaque se subdivise en *iliaque externe*, en *iliaque interne*, ou *hipogastrique*, que l'on verra ci-après.

L'*Artère crurale*. Cette artère est la continuation de l'*iliaque externe* ; elle sort du bas-ventre, entre le ligament tandineux de Fallope, & le tendon du muscle psoas, sur l'union des os des isles avec l'os pubis ; en sortant, elle donne trois petits rameaux que l'on voit ici (81.) Celui qui se voit dans la seconde Planche, est appellé petite honteuse externe ; le second va au muscle pectineus, & le troisiéme au muscle couturier, & ils jettent de petites divisions aux tégumens voisins.

L'Artère crurale descend ensuite vers la tête du fémur, & se contourne dans cet endroit près la veine crurale, pour aller gagner le dessus de cette veine, à quelques travers de doigts plus bas. Dans cet espace, ou ce trajet, depuis sa sortie du bas-ventre, elle n'est couverte que de la graisse & de la peau, étant sur le pectiné & sur la division du triceps. A l'endroit de son déplacement ou contour *, cette artère produit trois branches considérables, une externe, une moyenne, une interne. Nous voyons ici l'origine de ces trois branches ; elles vont sur les muscles cruraux, vaste externe, grêle antérieure & fascialata, & même l'une de ces branches remonte jusqu'au moyen fessier sur le trocanter ; & les rameaux de cette branche, par leurs divisions, communiquent avec le premier rameau de la grande honteuse & avec la sciatique.

A l'égard de la branche moyenne, elle descend sur la partie interne de la cuisse, entre les portions du muscle triceps qu'elle perce, pour se distribuer au grand fessier, aux muscles demi-nerveux, demi-membraneux, & aux tégumens voisins. Elle est vue dans cette figure, & elle le sera dans les dernieres de mon Cours Anatomique.

La branche interne va en arriere sur les quadrijumaux vers le grand trocanter, & après avoir donné un rameau qui entre dans l'articulation du fémur, elle descend en arriere, & se jette aux muscles qui couvrent les os par plusieurs autres rameaux, dont l'un entre dans l'os même, à côté de la ligne âpre.

L'artère crurale, après la distribution de ces branches, descend entre le couturier & le vaste interne & le triceps, comme l'on voit dans la cuisse gauche, en jettant des rameaux aux environs & à la partie inférieure de la cuisse ; elle traverse le triceps un peu au-dessus du condyle, où elle change de nom, où elle prend celui de jarretiere & de *poplitée*, & elle se fourre dans le creux du jarret avec sa compagne, c'est-à-dire, la veine du même nom.

L'*Artère poplitée* (94. *Planc. II.*) n'est couverte que des tégumens dans cet endroit ; elle arrose par des rameaux le condyle de part & d'autre, & ces rameaux communiquent avec ceux des divisions inférieures de l'artère crurale dont nous venons de parler.

Cette artère donne encore à l'articulation du genou des rameaux, dont un passe entre les ligamens croisés, & en descendant, elle jette ses branches aux muscles grands jumaux & poplitée ; ensuite elle jette deux rameaux, l'un interne & l'autre externe ; le premier embrasse la tête du tibial, sur lequel il passe en devant entre le ligament lattéral externe de l'os, & communique avec les rameaux qui embrassent le fémur ; le second rameau passe par-dessus la tête du péroné, & se glisse entre la tête du tibia & le ligament lattéral externe du genou ; ce rameau embrasse l'articulation jusqu'aux ligamens de la rotule. Ces rameaux communiquent encore avec les précédens. Il naît au-dessous de ces deux rameaux une arteriole sur la surface postérieure de l'articulation interosseux, attenant le tibia, dans lequel elle se plonge. Cette artère poplitée se termine enfin en deux branches, que l'on nomme *tibiale antérieure* & *tibiale postérieure* ; celle-ci se sous-divise encore, & sa division externe, & la plus petite, se nomme *péronniere postérieure*.

La *Tibiale antérieure* (96. *Planc. II. fig. I.*) passe entre la tête du tibia, & la tête du péroné, jette des rameaux en haut, en bas & aux côtes qui communiquent avec la poplitée, & se jette de part & d'autre aux environs de la partie supérieure de cet os, & ensuite cette artère descend sur le ligament interosseux entre le muscle jambier antérieur, & l'extenseur du pouce. Cette artère se jette après sur la partie inférieure & antérieure du tibia, & passe sous le ligament annulaire commun, & sous l'extenseur du pouce, pour se plonger dans l'articulation du pied, & donne en chemin faisant, depuis les divisions dont nous venons de parler, à droite & à gauche, des rameaux qui se plongent dans les muscles, & qui communiquent avec les artères suivantes.

Les branches inférieures de la tibiale antérieure se glissent entre l'astragal & le calcaneum, & se distribuent à l'articulation du pied & aux os du tarse ; ces branches communiquent avec celles de la tibiale postérieure & de la péroniere, & ces communications sont des espéces de fragmens de cercle qui environnent en partie les os du tarse de part & d'autre.

Cette artère s'avance après ces divisions le long de la convexité du pied jusqu'aux intervalles du premier & du second os du métatarse ; entre les têtes de ces petits os, elle jette une petite branche qui perce les muscles interosseux supérieurs, passe par-dessous, & va se joindre avec l'extrémité de la tibiale postérieure, avec laquelle elle forme sous la plante du pied une arcade nommée plantaire. Outre cette petite branche, elle jette encore par-dessus les autres os du métatarse deux ou trois rameaux considérables, qui vont aux muscles interosseux & aux tégumens, & qui se communiquent mutuellement.

Elle finit après toutes les divisions que nous venons de voir, & qu'on apperçoit en partie dans cette figure, par deux rameaux, dont l'un va au muscle thenar & au côté interne du pouce, & l'autre se partage pour le côté externe du pouce & pour le côté interne du second orteil.

(95. *id.*) La *Tibiale postérieure*, qu'on nomme aussi *artère surale*, descend entre les muscles solaires, le jambier postérieur, le long fléchisseur propre du pouce, auxquels elle fournit du sang, ainsi qu'à la moëlle du tibia, par un espéce de canal osseux qui se trouve dans la partie moyenne & postérieure. Cette artère serpente derriere la malléole interne, après avoir donné tous ces rameaux, en communiquant avec l'artère antérieure, où elle est couverte des veines voisines ; elle passe sous la plante du pied entre la face cave du calcanéum & le muscle thenar, où elle se divise en deux rameaux, l'un intérieur & l'autre postérieur ; l'externe, que l'on nomme plantaire externe, passe obliquement par la face concave du calcaneum, sous la plante du pied, & va jusqu'à la base du cinquiéme os du métatarse, & de-là fait une espéce d'arcade jusques vers le pouce, où elle communique avec la tibiale antérieure, ce que nous avons déja dit. La convexité de cette arcade fournit aux deux côtés de chacun des trois derniers orteils, & au côté du second orteil des rameaux, qui forment ensemble sur l'extrémité, ou sur le milieu de chaque doigt, des petits arcs de communication entr'eux.

Le rameau interne s'appelle *plantaire interne* ; il se jette au milieu de la plante du pied, où il se sous-divise, pour fournir le pouce, & pour communiquer aux autres orteils, & s'anastomoser avec les divisions dont nous avons parlé.

La *Peronniere* (98. *id.*) descend au contraire le long de la face du péroné, entre le muscle solaire & le fléchisseur du pouce, où elle donne des rameaux, & étant parvenue au bas du péroné, elle jette une branche qui se plonge entre le tibia & le péroné, qui passe sur leurs extrémités de derriere en devant, & sur le ligament interosseux, & se distribue au tarse & aux tégumens ; elle descend ensuite sur la partie postérieure du péroné jusqu'au calcaneum, où elle forme une arcade entre l'astragal & le tendon d'Achille. Cette arcade communique avec la tibiale postérieure ; elle se jette après en dehors, où elle a de légeres communications avec la tibiale antérieure, par une arcade qui fournit plusieurs rameaux aux parties voisines.

Ces arteres, ou branches inférieures de la crurale, ont des fréquens anastomoses, soit dans la peau ou sur le perioste, que l'on distingue encore mieux dans le fœtus, lesquels forment une espéce de *rete mirabile*.

Je vais expliquer les *veines crurales* ; il ne suffit pas de ce que nous en avons dit à l'explication des premieres figures des deux premieres Planches qui les représentent dans leurs situations naturelles, avec leurs divisions.

LA VEINE CAVE SUPÉRIEURE.

(*Planche I. fig. I.* 45.) La veine cave a deux troncs essentiels & distincts l'un de l'autre, qui sortent séparément de l'oreillette droite du cœur. Le tronc supérieur, ou *veine cave supérieure*, est celle qui rapporte le sang de la tête des extrémités supérieures, de la poitrine & de la veine azigos dans le cœur. Celle qui descend dans le bas-ventre, qu'on appelle *veine cave inférieure*, ou descendante, après avoir percé le diaphragme, ce qu'elle fait cependant en recevant les veines hépatiques, peu après la sortie du diaphragme, va se diviser à l'entrée du bassin, ayant donné auparavant plusieurs branches, où elle forme avec l'aorte les iliaques ; elle accompagne les artères par ses divisions, & ses branches sortent ensemble au bas-ventre, pour recevoir le sang des extrémités inférieures que les artères crurales ont arrosé ; mais nous pouvons observer, pour éviter toute équivoque dans l'exposition que l'on fait des blessures sur les noms que l'on donne à ces veines d'*ascendante* & *descendante*, que ce n'est qu'à cause de leurs configurations qu'elles sont ainsi nommées : car s'il falloit les désigner, par rapport à leurs fonctions, la veine cave inférieure & descendante, est celle qui remonte le sang dans le cœur, & non pas celle qui le descend ; au contraire, la veine cave supérieure, & ascendante est celle qui descend le sang dans le cœur, & non pas celle qui le monte ; ce qui a occasionné souvent des équivoques parmi les jeunes Chirurgiens dans le récit & l'exposé de leurs observations. C'est pourquoi en se servant du terme de *supérieure* & d'*inférieure*, on désigne mieux les divisions appartenantes à l'une de ces veines, dans leurs proximités & leurs anastomoses.

Ces veines ont de commun avec les artères qui les accompagnent, que la plupart des branches capitales & des troncs inférieurs sont pairs ; mais que leur division ou rameaux ensuite n'observent point de parité entre celles du côté gauche & celles du côté droit. On doit excepter les branches capitales, la veine azigos, & quelques autres petits troncs inférieurs.

Il faut observer encore que la veine cave inférieure n'a qu'une petite portion renfermée dans le péricarde. On n'apperçoit sur la partie antérieure de cette veine tout au plus qu'une ligne de trajet dans le pericarde, & sur sa partie postérieure environ trois lignes.

La *Veine cave supérieure*, ou ascendante, est celle que nous voyons dans cette figure avec ses divisions ; la racine de cette veine dans l'oreillette droite du cœur, & renfermée dans le pericarde, ou côté droit de l'aorte, & un peu plus avancée, & se trouve sous les cartillages des vraies côtes, du côté droit ; son tronc monte presque d'aplomb, en suivant à-peu-près la position de sternum ; elle s'incline cependant vers l'aorte à mesure qu'elle s'élève, & étant arrivée derriere la cartillage de la premiere vraie côte, elle se partage, & forme du côté droit & du côté gauche les deux sousclavieres, posées effectivement sous les clavicules ; mais auparavant ce tronc reçoit quelques petites branches du côté droit. Ces petites branches que nous ne voyons pas ici, parce qu'on a supprimé les côtes & le pectoral, viennent du pericarde, du diaphragme, des glandes thimiques, des muscles intercostaux, du médiastin, de la plevre, du grand pectoral, de la mammelle & des graisses.

La *Veine sousclaviere* (19. *id.*) après avoir donné une partie des branches pectorales, passe devant la portion antérieure du muscle scalene, & se glisse entre la premiere côte & la clavicule, pour gagner l'aisselle, où elle prend le nom d'*axillaire* ; dans ce trajet, elle donne plusieurs branches, qui sont les veines musculaires & thorachiques. Cette veine étant parvenue à la tête de l'humérus, jette une branche considérable, qu'on appelle *veine céphalique*, & se continue sur le bras sous le nom de *veine basilique* ; quelquefois cette veine n'est que la branche de l'axillaire, & la céphalique en est la continuation ; c'est selon leurs directions particulieres, & la grosseur plus ou moins considérable de l'une ou de l'autre.

La *Veine céphalique* (27. *id.* & 30. *fig. I.* & *II.*) s'unit un peu après son origine avec la petite céphalique, qui vient de la sousclaviere, ou de la jugulaire externe, & se glisse superficiellement entre le muscle deltoïde & le grand pectoral, pour former cette union ; il y a d'autres unions quelquefois avec ces veines, par des doubles rameaux qui se rencontrent autour de la jointure du bras. La veine céphalique passe entre les tendons des muscles ci-dessus, & descend le long du bord externe de la portion externe du muscle biceps ; elle communique dans ce trajet avec la basilique, & donne des rameaux aux muscles voisins, à la peau & à la graisse. Au-dessous du condyle externe de l'os du bras, elle jette un rameau qui remonte entre le muscle brachial antérieur, & la portion supérieure du muscle long supinateur, qui va communiquer avec quelques branches de la basilique.

La céphalique étant parvenue au pli du bras, se divise en deux branches. La plus longue est nommée la *veine radiale externe* ; la courte se nomme, si l'on veut, *veine médiane céphalique*, (34. *id.*) ce qui la distingue alors d'une pareille branche de la veine basilique. La radiale externe coule le long du rayon entre les muscles & les tégumens, en se divisant de côté & d'autre, & s'anastomosant avec celles de la veine basilique ; cette veine forme des veinules comme la saphene en fait sur les extrémités inférieures.

La veine courte de la céphalique s'anastomose avec la pareille de la basilique dont nous venons de parler, que l'on nomme aussi *veines médianes lattérales*, & forment à leur union une grosse branche, appellée *grosse médiane*, ou *grande médiane*, (38. *id.*) dite aussi médiane de riolan. De cette union part aussi une branche qui descend sur la partie interne de l'avant-bras, vis-à-vis le ligament interosseux, qu'on appelle *veine profonde* (36. *id.*) de l'avant-bras. Cette veine part aussi quelquefois un peu après la naissance de la grande médiane. La médiane céphalique dont nous avons parlé, ou médiane lattérale céphalique, jette une branche longue qui suit le rayon, & est appellée *radiale interne*.

Après toutes ces divisions, la céphalique diminue, & suit la route à-peu-près de l'artère radiale jusqu'à l'extrémité du rayon, d'où il part un rameau particulier qui va entre le pouce & le métacarpe, sous le nom de *céphalique du pouce*. Ces veinules fournissent aux muscles interosseux des filets qui reçoivent le sang de ces parties, & des tégumens de la main.

La *basilique* (31. *id.*) que les anciens nommoient *veine du foie*, ou *veine hépatique du bras*, a quelquefois une double naissance de la veine axillaire. Elle reçoit le sang sous la tête de l'os du bras par une branche assez grosse qui passe traversalement autour du col, de cet os de dedans en arriere, & de derriere en dehors, en se ramifiant sur l'omoplate. Cette branche peut se nommer *articulaire*, ou *sous-humérale*. La basilique ensuite reçoit le sang de deux petites veines qui accompagnent l'artère brachiale, & l'embrassent d'espace en espace, par des petites communications entr'elles, on peut appeler ces veines, selon M. Winslow, *veines satellites de l'artère brachiale* ; car c'est lui qui a donné le nom aussi de *veines articulaires* à celle dont nous venons de parler, & à d'autres dont j'ai fait mention ci-dessus, les autres Anatomistes ayant négligé de les indiquer par quelque terme significatif du lieu qu'elles occupent ; quelquefois ces petites veines satellites naissent de la veine profonde supérieure.

Au-dessous du col de l'humérus, près du creux de l'aisselle, derriere le tendon du grand pectoral, la basilique donne une veine considérable, qui descend à côté de l'artère brachiale, pour recevoir le sang de l'intérieur du bras, qu'on appelle la *veine profonde supérieure* (33. *id.*).

La basilique continue la route entre les tégumens & les muscles, où elle communique avec la profonde & la céphalique, & étant parvenue au pli du bras, donne la *médiane basilique* (35. *id.*) dont nous avons parlé ; descend le long de l'os du coude, entre les tégumens & les muscles, sous le nom de *cubitale interne*, en s'anastomosant toujours de part & d'autre. Elle jette au commencement de son trajet sur l'avant-bras, une branche nommée *cubitale interne* ; & étant parvenue à l'extrémité de l'os du coude, elle jette sur la convexité du carpe plusieurs rameaux, dont un, sous le nom de *salvatelle*, va gagner le petit doigt, du côté du doigt annulaire.

LA VEINE CAVE INFÉRIEURE.

Cette veine ayant percé le diaphragme, passe par la partie postérieure de la grande scissure du foie, entre le lobe & le lobule de *spigelius*. Dans ce trajet, elle donne ordi-

nairement

nairement trois grosses branches, appellées veines *hépatiques*, c'est-à-dire d'*hepar*, le foye. Effectivement, ces veines vont se ramifier dans le foye ; (en parlant du foye en particulier, nous décrirons ces vaisseaux.)

La *veine reinale droite* est l'une des grosses branches de la veine cave, qui vont de chaque côté de cette veine se porter aux reins ; celle-ci est plus courte, & descend un peu obliquement pour aller joindre le rein. (54. *fig. I. Planc I.*)

Les *veines reinales du côté gauche* sont plus longues que la précédente ; & cela doit être ainsi, puisque le tronc de l'aorte descendante est entre le rein & le tronc de la veine cave, qui les reçoit de ce côté, ce qui ne se trouve pas du côté droit, où le rein est plus proche de la veine cave.

Les veines reinales du côté gauche se trouvent placées immédiatement sous l'artère mesenterique supérieure. Il n'est cependant pas ordinaire qu'il y ait deux veines reinales d'un côté, & une de l'autre, ou deux de chaque côté ; assez souvent on n'en rencontre qu'une seule à droite, & une seule à gauche. Ces veines jettent en haut des veines capsulaires qui accompagnent les artères du même nom dont nous avons parlé, & en bas des veines adipeuses qui vont à l'enveloppe graisseuse des reins. La veine reinale gauche fournit ordinairement la veine *spermatique* du même côté, comme l'on voit dans cette figure.

Les deux reinales vont gagner l'échancrure des reins par plusieurs ramifications, qui se distribuent dans leur substance, ainsi qu'elles sont dépeintes au côté droit (*c. fig. id.*).

Les *veines spermatiques* accompagnent les artères dont nous venons de parler, & les suivent dans leur division ; un peu après avoir croisé les ureteres, elles produisent une branche considérable, qui se divise ensuite en deux rameaux, dont l'un va communiquer avec la veine capsulaire, ou sur-reinale, & l'autre communique assez souvent avec les veines reinales ou émulgentes ; elles communiquent ensuite avec la veine *mesaraïque* ; elles se multiplient en approchant des anneaux, & s'anastomosent entr'elles de distance en distance ; les rameaux de ces veines se tortillent & s'entrelassent les uns avec les autres, & avec les artères qui les accompagnent, enfermées dans la gaîne dont nous avons parlé, ce qui les a fait appeller des Anciens, vaisseaux *Panpiniformes*. Les veines & les artères spermatiques sont si adhérentes entr'elles en certains endroits, que c'est ce qui a fait croire que les veines s'anastomosoient avec les artères, ce qui est absurde, & contredit par les Anatomistes les plus savans, entr'autres par M. Winslow. (59. *fig. id.*)

DES PARTIES NATURELLES DE L'HOMME.

Les *Testicules*. Les anciens les appelloient *Didimes*, c'est-à-dire Jumeaux. Les testicules forment deux corps glanduleux dont on voit ici la figure & le volume. ($\frac{3}{4}$ de nature.) Ils sont plus ou moins gros, selon l'âge & le tempérament. La partie supérieure est couronnée d'une appendice, que l'on nomme *épididime*. (*m. fig. I. Planc. I.*)

Les testicules sont suspendus dans une enveloppe cutanée & commune, appellée *Scrotum* ; ils sont aussi enveloppés de deux membranes particulieres. La premiere, est la gaîne du cordon spermatique, que l'on appelle tunique *vaginale* ; mais leur tunique propre est une membrane assez épaisse antérieurement & très-mince par sa partie postérieure, que l'on nomme tunique *albuginée*, c'est-à-dire, blanche.

Les testicules sont composés d'un nombre infini de petits canaux, extrêmement déliés, qui font plusieurs circonvolutions, & sont contenus dans différens paquets séparés par des cloisons membraneuses. Ces cloisons aboutissent au noyau du testicule, & tiennent de l'autre côté à la partie interne de la membrane *albugineuse*. Le noyau du testicule, ou la réunion de ces petits paquets, forment ensuite le commencement des épididimes.

Les *épididimes* sont la partie saillante du testicule, & ne sont que le prolongement du noyau. La tête de l'épididime est la partie antérieure qui sort du testicule même, à côté des vaisseaux spermatiques, & la queue est sa partie postérieure qui va former les canaux déférens. (*n. fig. id.*)

Nous parlerons du *scrotum* & du *dartos* dans un autre endroit.

Les *canaux déférens* sont la continuation des épididimes. Ils forment des tuyaux blancs un peu applatis, de la grosseur du tuyau d'une plume d'aile de pigeon, quelquefois plus forts, ils vont joindre, en se couchant sur les épididi-

mes, les vaisseaux spermatiques, & montent dans la gaîne commune, que l'on appelle *cordon spermatique*, vers la partie postérieure de ce cordon. Ils conduisent chacun de leur côté le sperme préparé par les testicules dans le bassin à l'entrée duquel ils quittent les vaisseaux spermatiques, pour se glisser à côté de la vessie, où ils se recourbent, & viennent se terminer à la partie inférieure & extérieure du col de la vessie. (*o. fig. id.* & *HH. fig. II. Planche II.*)

Dans leurs trajets, les canaux déférens passent derriere l'artère ombilicale, en la croisant, & en croisant aussi les ureteres. Ces canaux sont plissés à leur naissance vers l'épididime, & plus gros que dans le reste de leurétendue ; ils diminuent vers les vésicules féminales & se tortillent ; en finissant ils deviennent très-minces.

Les *vésicules féminales* sont les réservoirs de la semence que les canaux déférens lui portent, déja préparée, & propre à la formation animale.

Ce sont deux corps blanchâtres, bosselets & mollets, longs de trois ou quatre travers de doigts, larges d'un travers de doigt, & épais environ d'un tiers de cette largeur, situés obliquement entre le rectum & la partie inférieure de la vessie ; de maniere que leurs extrémités supérieures sont éloignées l'une de l'autre, & que les inférieures sont jointes ensemble entre les extrémités des canaux déférens, dont elles imitent & l'obliquité & la courbure.

Elles sont inégalement arrondies par en haut, leur largeur diminue par degrés vers le bas ; elles forment par l'union de leurs extrémités inférieures une espèce de fourche, dont les branches seroient larges & recourbées en maniere de cornes de Belier. Ces extrémités inférieures sont fort étroites, & forment par leur union une espéce de col menu, qui se glisse sous la vessie vers son orifice, & ensuite continue son chemin dans la gouttiere des prostates, & dans l'épaisseur de la portion voisine de l'uréthre, ou enfin les extrémités percent l'épaisseur de la caroncule.

Elles sont plissées en dedans, & comme distinguées en plusieurs capsules vésiculaires, par les replis tortueux. Leur surface externe est revêtue d'une membrane fine, qui borde & bride les replis. Cette membrane est une vraie continuation du tissu cellulaire du peritoine. On peut débrider les replis, & par ce moyen déployer les tortuosités, & rendre le corps des vésicules beaucoup plus long qu'il n'est quand il est replié.

La surface interne de leur tissu est veloutée & glanduleuse, & fournit continuellement un suc particulier, qui digere, exalte ou affine, & perfectionne de plus en plus la matiere féminale qu'elles reçoivent par les canaux déférens, & dont elles sont les réservoirs pendant un certain temps.

Le passage des canaux déférens dans ces vésicules est très-singulier. J'ai dit ci-dessus que les canaux déférens se recourbent derriere la vessie, & s'y rencontrent par leurs extrémités fort rétrécis. Ces deux extrémités s'unissent en maniere d'angle, & se glissent entre les extrémités voisines des vésicules féminales. Elles s'y unissent si étroitement ensemble, que leurs portions adossées ne paroissent faire qu'une cloison mitoyenne entre deux petits tuyaux, dont chacun est formé en partie par l'extrémité de l'un des canaux déférens, & en partie par l'extrémité de la vésicule voisine.

L'union latérale de l'extrémité du canal déférent, & de l'extrémité de la vésicule de chaque côté forment aussi entr'elles une espéce de cloison particuliere très-courte, qui se termine en croissant, comme une petite valvule semilunaire. L'extrémité du canal déférent est plus étroite que celle de la vésicule féminale. » Cette méchanique, dit M. » Winslow, dans son exposition anatomique, permet toujours au liquide de chaque canal déférent de s'insinuer peu-» à-peu dans la vésicule féminale du même côté, & elle » empêche celui de la vésicule de rentrer dans le canal dé-» férent.

» Quand on souffle par un des canaux déférens, après avoir » fermé l'uréthre, le vent gonfle la vésicule féminale voisine, » & le canal urinaire, sans passer dans la vésicule, ni dans » le canal de l'autre côté, à moins qu'on ne le pousse avec » violence.

Ensuite, les deux petits tuyaux, formés chacun par l'extrémité d'un canal déférent, & par celle d'une vésicule féminale se glissent entre la base des prostates & le canal de l'urethre, dont ils percent obliquement l'épaisseur, & aboutiffent à la caroncule, comme il eſt dit ci-devant.

Les Anatomiſtes conviennent que la femence humaine *féjourne pendant un certain temps dans les véſicules*. Ils ont obſervé ici une valvule qui ſe trouve à l'ouverture & à leur communication avec les vaiſſeaux déférens. Ils obſervent encore que cette valvule *permet à la femence d'entrer dans la véſicule & l'empêche d'en ſortir*, & enfin, que la véſicule droite ne communique pas avec la véſicule gauche.

Cela étant, n'auroit-on pas dû, depuis ſi long-temps, faire les recherches que l'on a faites depuis peu, pour ſavoir ſi l'animal ſe formoit dans ces véſicules ?

Par l'admirable ſtructure des véſicules de l'homme, & leur ſituation avantageuſe à la production de la femence, ne devoit on pas deviner leur uſage ? Au lieu que les parties de la femme ne paroiſſent qu'un réſervoir propre à ſe dilater & à ſe rétrécir ſelon le beſoin de l'embrion ou du fœtus : elles n'ont rien de commun avec ſa formation, puiſque de toutes ces parties, les ovaires & les proſtates, ou glandes du vagin, ſont les ſeuls inſtrumens qui ſervent dans le moment de la conception à filtrer directement des vaiſſeaux ſpermatiques, & des branches des hypogaſtriques, une liqueur qu'ils laiſſent couler dans la matrice, ſemblables en cela à tant d'autres glandes dont le corps eſt parſemé.

Si les *molécules organiques*, ou les liqueurs *prolifiques* étoient partagées entre le mâle & la femelle, les deux ſexes n'auroient-ils pas les mêmes organes & les mêmes femences ? Si cela n'eſt pas, il faut donc convenir que les molécules & les liqueurs prolifiques ne ſont pas également partagées entre les deux ſexes, & déférer au mâle les plus parfaites.

La *glande proſtate* (P. *fig*. 6.) a la figure à-peu-près d'une chataigne ; elle entoure entièrement l'entrée du canal de l'uréthre ; elle ſe trouve auſſi ſituée entre la veſſie & le bulbe, & fortifie dans cet endroit le canal auquel elle eſt adhérente. Dans la ſituation naturelle, cette glande ſe trouve appuyée ſur le *rectum*, & ſa pointe eſt ſous la lévre interne de l'arcade de l'os pubis. Son tiſſu interne eſt ſpongieux, très-ferré ; on trouve dans chaque lobe des proſtates, pluſieurs follicules qui s'ouvrent dans la portion de l'uréthre vers le fond de la goutiere. Ces glandes ont leurs orifices autour de celui des véſicules ſeminales, au commencement de l'uréthre, ainſi que l'on va l'expliquer.

Le *gland* (Q. *fig*. 7), ou le chapiteau de la verge, eſt formé par la continuation du tiſſu ſpongieux du canal de l'uréthre, & ne communique point avec les corps caverneux ; il leur eſt ſeulement étroitement uni. En ſoufflant le tiſſu de l'uréthre, on le gonfle auſſi-tôt, ce qui n'arrive point lorſque l'on ſouffle dans les corps caverneux ; mais ces corps communiquent au contraire de l'un à l'autre. La figure démontre ici ſa forme mieux que toutes les deſcriptions que l'on en pourroit faire. La convexité du gland eſt garnie d'un velouté extrêmement ſubtil, qui eſt recouvert d'une membrane fine. La circonférence de la baſe eſt garnie d'houppes nerveuſes, d'un double rang de petits *mammelons*, que l'on peut regarder comme des glandes *ſebacées* qui produiſent certaine liqueur viſqueuſe, au moyen de petits tuyaux excrétoires, auxquelles on a donné le nom de *glandes odoriférantes de tyſon*.

Les corps *caverneux* ſont des tuyaux preſque cylindriques, ainſi qu'on les voit dépeints ; le tiſſu ligamenteux qui forme leurs parois eſt élaſtique ; ils ſont compoſés de fibres fines & déliées en parties tranſverſes, & en partie plus ou moins obliques, comme on le voit dans la coupe de la quatriéme figure ; (O. *Planc*. *II*.) leurs cavités ſont remplies d'un tiſſu lulaire & caverneux, qui paroît être la continuation du tiſſu extérieur ; les cellules communiquent enſemble, & ſont continuellement plus ou moins remplies de ſang, à-peu-près comme le tiſſu cellulaire de la ratte, avec cette différence que les parois des cellules ſont ici plus épais, & leurs cavités ſans aucun tiſſu acceſſoire. On apperçoit ici de quelle façon ils ſont placés ; ils ſe touchent à la partie ſupérieure de la verge, & à leur extrémité ; ils s'uniſſent par la communication de leurs fibres & de leurs cellules ; de ſorte, comme je l'ai dit, que quand on les ſouffle, l'air de l'un remplit l'autre, & leur jonction forme deux gouttieres, une ſupérieure & extérieure, & l'autre intérieure & inférieure, occupée par l'uréthre ; leur extrémité ſur le gland eſt arrondie, & le gland les emboîte dans leurs extrémités ; elles applatiſſent à cet endroit le canal de l'uréthre. (*Voyez cette figure en grand. Exp. Anat. des maux Vénériens.*)

Les racines des corps caverneux ſont attachées chacune en partiulier de côté & d'autre au bord de la petite branche de l'os iſchion, & à celle de l'os pubis, où ils s'arrondiſſent. Dans cet état, ils s'arc-boutent entre le gland & ces os, & font une eſpéce d'effort élaſtique, lorſque le gland eſt appuyé.

Le *canal de l'uréthre* (S. *fig*. 6.) eſt très-adhérent aux corps caverneux. Le corps qui le forme eſt une lame ſpongieuſe, excepté du côté de la veſſie, où cette lame eſt extrêmement membraneuſe. Les ſurfaces extérieures & intérieures de cette lame, ou pour mieux dire du canal, ſont auſſi membraneuſes.

La ſubſtance ſpongieuſe dont nous parlons, qui eſt celle qui forme le canal, eſt accumulée au commencement du canal dans la partie inférieure & poſtérieure, & forme une eſpéce de *bulbe*, ou d'oignon, lequel eſt diviſé en deux parties par une cloiſon très-fine & membraneuſe ; dans le gonflement de ces parties, il le fait paroître double. (*Voyez la ſixiéme figure même Planche.*)

Le *verumontanum*. C'eſt une éminence, percée dans ſa partie la plus groſſe, de deux petites ouvertures de chaque côté de ſon ſommet, quelquefois d'une ſeule, & rarement de trois. Ces ouvertures que l'on diſtingue ici par deux points noirs, ſont les orifices des canaux excrétoires des véſicules ſéminales par où ſort l'embrion. Il paroît à l'extrémité de chacun de ces trois orifices, un petit corps membraneux très-fin & très-délié, fait à-peu-près comme l'orifice externe de la matrice dans les femmes. A chaque côté de ces orifices, c'eſt-à-dire aux bords inférieurs & latéraux du verumontanum, il y a quatre, cinq, ou ſix trous rangés en croiſſans : ce ſont les orifices des canaux, ou conduits excrétoires des proſtates, leſquels canaux viennent des follicules qui diviſent intérieurement les proſtates, & comme il n'y a rien d'inutile dans la nature, & que le Créateur a pourvu à notre conſervation dès l'inſtant de notre formation, ces petits canaux, rangés tout proches ceux dont nous venons de parler, fourniſſent par leurs petits orifices la liqueur claire & tranſparente qui entourre dans l'inſtant l'embrion & le conſerve dans ſon intégrité pendant ſon trajet le long du canal de l'uréthre juſqu'au fond de la matrice où il ſe dépoſe. Cette liqueur peut même accélérer, par ſa viſcoſité, le jet de cet embrion. (*cc. bb. fig*. 4. *Planche II*.)

Les *lacunes de l'uréthre*. Le canal eſt tapiſſé intérieurement, comme nous l'avons dit, d'une membrane très-fine. Cette membrane eſt parſemée d'une grande quantité de vaiſſeaux capillaires, & percée de quantité de trous, ou de petites lacunes, dont celles du côté du gland ſont les plus conſidérables. Les lacunes ſont les orifices des canaux excrétoires de quelques petits corps glanduleux, diſperſés dans la ſubſtance ſpongieuſe de la lame du canal, que l'on appelle *membrane interne*. (*Voyez cette partie dans l'Expoſition Anatomique des maux vénériens.*)

Le bord de ces lacunes eſt ſémilunaire. Ce ſont apparemment les ouvertures des canaux qui arroſent l'embrion dans ſon trajet par le canal de l'uréthre.

Les *antiproſtates*, ou petites proſtates, ſont deux corps glanduleux, ſitués aux deux côtés de la convexité du tiſſu ſpongieux de l'uréthre, près du bulbe, de la groſſeur d'un noyau de ceriſe, un peu oblong & applati, & tout-à-fait couvert des muſcles accélérateurs. Les ſecondes proſtates ont leur iſſue à environ un travers de doigt au-deſſous du vérumontanum, comme je les ai repréſentées ici, & ſont les plus conſidérables de toutes ; elles forment même une eſpéce de petite rigole, dirigée vers la ſortie du canal de l'uréthre. (P. *fig. id.*)

L'orifice de l'uréthre finit à l'extrémité du gland, par un orifice oblong en forme de fente, dont les lévres paroiſſent environnées de petites fibres charnues.

Le ligament ſuſpenſoir ſe voit ici à la premiere figure, (marqué w.). Voyez la planche quatriéme, pour ce qui reſte à obſerver dans la démonſtration des parties de l'homme.

MUSCLES DES PARTIES DE L'HOMME.

Pour mieux démontrer les muſcles des parties de l'homme, je vais expliquer ceux qui ſont repréſentés dans la ſeconde figure de la quatriéme Planche, & dans la ſeconde, troiſiéme & ſixiéme figure de la deuxiéme Planche, la même lettre indiquera les parties de ces trois figures ; & lorsqu'on voudra les étudier , on cherchera la lettre indiquée fur chacune de ces figures en particulier , ce qui évitera la confufion.

Les mufcles *éreƈteurs* (N.). Ces mufcles que l'on voit très-diftinƈtement dans ces figures , font appuyés obliquèment fur l'os *ifchion* , depuis la tubérofité ; ils vont accompagner la racine des caverneux jufqu'à la fymphife de l'os pubis , enfuite s'attachent par l'autre bout un peu avant fur les corps caverneux , où ils s'uniffent en s'épanouiffant réciproquement fur l'un & l'autre de ces corps.

Les mufcles *accélérateurs*. (a.) Les accélérateurs forment un mufcle pyriforme , féparé par un tendon mitoyen attaché au bas du ligament interoffeux des os pubis , à l'union des mufcles tranfverfes , & à l'fphinƈter cutané de l'anus. Ces mufcles couvrent le bulbe de l'uréthre , ainfi qu'on le voit , jufqu'à la naiffance du ligament fufpenfoir ; leur tendon mitoyen (marqué X.) , répond à la cloifon du bulbe. Ces deux mufcles embraffent les deux corps caverneux vers l'extrémité des mufcles éreƈteurs , où ils s'attachent chacun en particulier à la partie latérale & extérieure de ces corps.

Les mufcles *tranfverfes* (b.) , que l'on nomme triangulaires , font deux paquets charnus , oblongs & étroits , attachés par leurs extrémités à la naiffance de la branche de l'os ifchion , & vont fe rencontrer enfemble fous la pointe de la proftate , où ils forment une efpéce de bifurcation dont le milieu fert d'attache commune aux mufcles de l'uréthre , & aux fphynƈters cutanés de l'anus.

Les mufcles *proftatiques fupérieurs* (c.) font petits & fort minces , pofés à côté des attaches des mufcles obturateurs internes , & fous l'os pubis à fa partie fuperieure & interne , d'où ils fe répandent fous les proftates , pour les refferrer dans leurs aƈtions.

Les *proftatiques inférieurs* (d.) ne font que des petits plans tranfverfes , que l'on ne voit ici que dans la deuxième figure de la quatrième Planche , auffi-bien que les précédens , attachés d'une part à la fymphife qui tient la branche de l'os pubis avec l'ifchion , & de l'autre réciproquement enfemble ; c'eft-à-dire , que fous les proftates les deux n'en font qu'un , & fervent de fangle & de fufpenfoir à la glande , & aident auffi avec les précédens à preffer la glande dans le befoin. Ils ont certains filets qui s'en détachent , pour s'unir avec les tranfverfes & les fupérieurs dont nous venons de parler.

MUSCLES DE L'ANUS.

Comme nous n'avons pas occafion de parler ailleurs des mufcles de l'anus , il eft à propos de les décrire dans cette figure à la fuite des mufcles que nous venons de démontrer.

A l'extrémité de l'inteftin *reƈtum* , il y a une efpéce d'orifice retréci & pliffé , compofé de fibres , lefquelles font environnées de plufieurs mufcles , dont les uns refferrent étroitement fon extrémité , & les autres lui fervent de fangles larges , pour le foutenir dans fa fituation naturelle , & le remettre s'il étoit dérangé.

Les *fphinƈters cutanés* (e.) de l'anus. Ces deux mufcles entourrent l'extrémité , & forment enfemble une efpéce d'ellipfe pointue par fes deux extrémités. L'extrémité poftérieure de ces deux mufcles tient à la pointe du *coccix* , & à fon ligament cutané ; la pointe antérieure de ce mufcle s'attache au tendon mitoyen du mufcle tranfverfal , & monte avec d'autres mufcles à l'uréthre.

Nous ne faifons pas mention du fphinƈter inteftinal , ou orbiculaire de l'anus , dont nous parlerons dans les autres traités.

Les *releveurs de l'anus*.(f.) Ce font des portions mufculaires en forme de bandes larges & minces , attachées par leurs parties charnues tout autour de la concavité du petit baffin , depuis la fymphife des os pubis jufqu'au de-là de l'épine des os ifchion , & par leur extrémité oppofée , les fibres de ces mufcles defcendent & s'entrelacent vers la bafe du coccix , fous la courbure du reƈtum , où elles s'uniffent , & contourent l'anus ; elles fe portent par des filets croifés à la veffie , au bulbe , aux proftates , & enfin à toutes les parties contenues dans le petit baffin ; elles aident à les fufpendre , & à leurs offices.

DESCRIPTION DE L'ARTERE HIPOGASTRIQUE

L'*artère hypogaftrique*. Cette artère fe plonge dans le fond du baffin , ainfi qu'on peut le voir dans la premiere Planche ; elle fe recourbe , & fe divife en plufieurs branches , à côté du fond de la veffie. Ces branches font ordinairement au nombre de quatre ou cinq principales , & fe divifent affez près les unes des autres. Souvent elles forment un ou deux petits troncs , qui enfuite fe fous-divifent en deux ou trois rameaux , ce qui eft fort varié dans tous les fujets ; mais on fe fixe feulement à confidérer les endroits où ces branches vont fe terminer. (79.*fig. I. Planc. I.*)

La premiere eft l'*artère umbilical* , que nous avons dit être la vraie continuation du tronc hipogaftrique , & dont nous donnerons la defcription dans les Tables fuivantes.

La feconde eft la petite *iliaque* : c'eft une branche la plus poftérieure , laquelle fouvent n'eft qu'un rameau de la branche feffiere , elle paffe entre les deux nerfs lombaires , & fe divife en deux rameaux , dont l'un entre dans le canal de l'os facrum par les derniers de fes grands trous internes , & l'autre rameau paffe derriere le mufcle pfoas , auquel il fe ramifie ; il fe diftribue enfuite dans le mufcle iliaque , après avoir paffé derriere le nerf crural ; & rampant fur la face interne de l'os des ifles , il le pénètre par un trou particulier , & quelquefois par plufieurs.

La troifiéme , eft l'*artère feffiere* ; elle eft ordinairement confidérable & la plus groffe branche de l'hypogaftrique ; elle produit quelquefois un petit rameau pour l'os facrum , & arrofe le mufcle pyriforme , les mufcles de l'anus , le bulbe & les parties voifines du reƈtum. Elle fort enfuite du baffin au-deffus du mufcle pyriforme avec le nerf fcyatique , par la partie fupérieure de la grande échancrure de l'os du baffin , & de-là fe diftribue à droite & à gauche dans le moyen feffier , & fon rameau le plus confidérable accompagne le nerf fcyatique jufqu'à une certaine diftance. (*Ces artères ici fe verront dans les autres traités.*)

La quatriéme eft l'*artère fcyatique* ; elle donne des rameaux aux mufcles pyriformes , quadrijumaux , à l'os facrum , à la face interne de l'ifchion , & pouffe un rameau qui va à l'articulation du feffier fous le mufcle quarré. Cette branche de l'hypogaftrique croife le nerf fcyatique , & le fuit , en lui donnant des artérioles , qui fe diftribuent au dedans de ce nerf ; elle remonte à la fortie du baffin d'un côté de la furface externe des os qui le compofent , & fe ramifie même dans leur tiffu interne , & de l'autre côté , s'épanouit dans les mufcles feffiers , & effentiellement dans le moyen & le petit.

La cinquiéme branche de l'hipogaftrique eft l'*artère honteufe*. Cette artère eft appellée vulgairement honteufe interne ; elle naît ici avec le tronc de la feffiere , & produit deux principaux rameaux. Le premier fort avec la feffiere & la fcyatique par la grande échancrure de l'os ilion , & fe fous-divife en plufieurs rameaux , dont l'un va direƈtement à l'épine de l'ifchion , & paffe entre les deux ligamens , qui font attachés à l'os ifchion & à l'os facrum , & en fuivant la tubérofité de l'os ifchion , il va fe plonger dans la naiffance des corps caverneux. Les autres rameaux font des tiges qui vont au fphinƈter de l'anus , & arrofent le bulbe de l'uréthre ; & enfin , cette premiere divifion de l'artère honteufe externe communique avec une branche de l'artère crurale par-deffus le col du fémur. (*fig. 2. Pl. 4.*)

Le fecond rameau principal de cette artère fe jette dans l'union de la veffie & du reƈtum , va dans l'homme aux véticules féminales & au col de la veffie , aux proftates & aux parties voifines du reƈtum , & par la même divifion , il paffe fous l'os pubis à côté de la groffe veine , qui eft fous la fymphife de cet os , & coule le long de la verge , où il fe diftribue fur le corps caverneux. Ce rameau communique avec la petite honteufe qui vient de l'artère crurale. (83. *fig. id.*)

Le rameau de la honteufe fort fouvent du tronc même de l'hypogaftrique , & fur-tout dans les femmes , pour fe diftribuer à l'uréthre , & communiquer avec les artères fpermatiques vers les franges de la trompe de fallope , & aux parties voifines du vagin , &c. (M.*fig. 3. Planc. VI.*)

L'angéologie que nous venons de parcourir , eft la diftribution de tous les vaiffeaux , pour porter & rapporter le fang dans toutes les parties du corps. C'eft proprement ce qui conftitue la fource de la vie, l'accroiffement & la confervation de l'homme. Cela nous conduit à raifonner fur la nature de l'homme, après avoir vu les parties mafculines, ou les moules & la matricule, d'où il prend fa compofition & fa forme.

DE LA COMPOSITION ET FORMATION

DE L'HOMME.

Le corps humain eft compofé de parties folides, de parties molles, & de parties fluides. Les parties folides font la charpente, & le foutien de tout l'édifice. Les parties molles font les cordes qui meuvent cette charpente, & qui compofent les réfervoirs des liquides; ces parties molles fervent encore de cribles & de filtres, pour féparer les efprits d'avec les liqueurs, & à fous-divifer les liqueurs entr'elles. Enfin, les parties liquides font divifées en groffieres & en fubtiles; les groffieres font apparentes comme le fang, les humeurs & les férofités, &c. & les fubtiles font infenfibles, comme les efprits animaux, &c.

Toutes les maffes qui compofent notre corps ne font donc qu'un mêlange de parties terreftres, dans lefquelles je comprends les fels & les fouffres; de parties fluides, dans lefquelles je comprends l'eau, les huiles, &c. de parties efpiriteufes, dans lefquelles je comprends le feu matériel, ou les efprits animaux, les fels volatils & l'air.

Ayant admis cette compofition, que l'on ne peut nier, je demande quelle eft la partie de notre corps la plus propre à contenir dans fa compofition toutes les autres. Sans doute ce ne fera pas les os, ce ne fera pas les chairs; ce ne fera donc que le fang, puifque nous voyons que le fang peut lui feul nourrir, entretenir, & faire croître les autres parties de notre corps. Ainfi, lui feul fournit les efprits animaux, entretient & augmente les chairs, forme les humeurs qui fe convertiffent en cole, qui fe confolident, & enfin qui compofent les os; de forte que pour former & pour nourrir notre corps, le fang fuffit. Par exemple, fi on lie l'artère qui arrofe une partie du corps, elle périt. Cela prouve donc que le fang eft le feul véhicule, la feule matiere premiere des corps animés, & de l'entretien continuel de la maffe fragile qui nous conftitue. Y a-t-il dans l'étendue du corps un efpace grand comme la pointe d'une épingle où le fang ne parvienne; fi ce n'eft aux parties dures & incorruptibles, qui cependant, comme je viens de dire, ont été molles auparavant, & formées par la liqueur fanguine, & qui font encore pénétrées & humectées par les liqueurs que le fang produit.

Convaincu que le fang eft le feul véhicule univerfel de l'animal, il ne faut pas aller chercher ailleurs d'autres matériaux pour fa formation. Je demande donc quelles font les *molécules organiques*, qui nous compofent dans le moment de la conception; fi ce n'eft pas les molécules contenues dans le fang, & qui forment fa fubftance. Mais on peut répondre à ceci. Les parties rouges & groffieres du fang font inutiles à la conception: cela eft vrai; c'eft auffi pourquoi les tefticules les féparent, & ne les portent aux véficules féminales que lorfqu'il eft dépouillé de ce qui peut nuire à un ouvrage auffi fubtil & auffi délicat.

Les véficules le reçoivent dans un état de perfection, ce qui eft certain; il ne s'agit plus que de féparer les parties hétérogenes de la formation animale, ce qui fe fait dans les véficules féminales. Mais comment fe fait alors l'affemblage des particules homogenes fous différentes figures, comme font celles des os, qui font la tête, le corps, les membres, & dans les parties molles, celles qui font le cerveau, celles qui font les mufcles, & enfin celles qui font les glandes & les vaiffeaux? Et pourquoi, m'objectera-t-on encore, les particules homogenes & fluides ne fe remêlent-elles pas avec les hétérogenes après leur féparation? Je réponds à cela, cet arrangement de parties & leur intégrité, eft-il mieux prouvé dans les autres hypothèfes qu'on nous a données fur la génération, où il n'eft queftion que de fluide & de mêlange? C'eft à quoi on ne fauroit répliquer On dira enfuite que les *œufs*, tous formés dans la création de l'homme les uns dans les autres à l'infini, font plus propres à la génération, n'ayant pas le même inconvénient, & n'y man-

quant que la vie. Je demande alors; comment la femence pourroit-elle communiquer la vie à un œuf, fi elle ne l'a pas elle-même? Et fi la femence eft animée, pourquoi fe dépouillera-t-elle de la vie, pour la communiquer à des *œufs*, contenus dans des ovaires qui n'ont aucune relation intime avec la femence dans le moment de la jonction des parties. Mais, dira-t-on, les œufs fe détachent, roulent dans les trompes, tombent dans la matrice, & c'eft-là où ils reçoivent la vie que la femence leur communique. Ceci n'eft que fuppofé, nous n'avons aucune preuve qu'il foit roulé des œufs dans la matrice, c'eft-à-dire dans l'utérus, où fe fait la conception; les preuves feroient cependant fréquentes dans l'écoulement ordinaire des femences. D'ailleurs, ce feroit donc un jeu fuperflu à la nature qu'après avoir donné à la femence tout ce qu'il faut pour former un être, qu'elle ne fervît que de fimple agent à une maffe froide, infipide, féche, & où les fous-divifions néceffairement infinies excedent les bornes limitées de la nature; & fi les œufs font contenus les uns dans les autres, comme les *oviparifles* font obligés de l'établir, je demande à ces Meffieurs pourquoi ils ne fe vivifient pas tous à la fois, lorfque celui qui les renferme eft tombe dans la matrice. Je ne donne ici qu'une légere idée de ce que j'ai à dire fur cette partie d'Anatomie. Ma découverte eft d'autant plus fenfible, qu'elle eft fondée fur l'expérience. (*Voyez la figure cinquième de la feconde Planche*). Elle repréfente un fœtus contenu dans la femence humaine, lequel n'a befoin que d'une matrice & d'une nourriture propre à fon état débile, pour fe conferver & croître.

En examinant la configuration des parties naturelles que j'expofe dans ces planches, fi on raifonne en Géometre, Méchanicien, & en Phyficien, on fe confirmera dans l'opinion que je veux établir de la formation animale: indépendamment de l'expérience qui eft la bafe de ma découverte, cette formation ne peut être regardée que comme l'ouvrage des véficules féminales du mâle, auxquelles la nature prépare le fang avant de le leur communiquer, au lieu que dans les *ovaires* prétendus de la femelle, qui ne font que des tefticules imparfaites, le fang y coule de fource avec toutes fes imperfections, & n'y vient encore qu'en petite quantité; & les grains apparens que les ovaires contiennent ne font que des glandes, & rien de plus.

L'embrion humain eft repréfenté dans un verre plein d'eau claire. Je renvoye d'ailleurs le Lecteur à la differtation aux Mercures de 1749. Je me contente ici de faire voir le deffein qui m'a été communiqué, dont l'obfervation a été inférée dans le Mercure.

Après avoir obfervé la matiere premiere qui forme l'embrion, nous obfervons qu'il devient fœtus enfuite, au moyen des vaiffeaux qui compofent fon cordon umbilical, & qui s'anaftomofent dans le fond de l'utérus à travers le placenta. Ce font ces vaiffeaux qui forment les racines par lefquelles le fang de la mere pénétre par molécules, & fucceffivement la petite veine umbilicale que porte l'embrion, dès le moment de fa formation. L'embrion eft éjaculé dans l'utérus avec la femence du mâle qui le contient; il eft enfermé dans cette femence comme le germe des plantes dans leurs graines; ces germes portent auffi avec eux les filets qui reçoivent à travers la fubftance de la graine, qui leur fert de placenta, les liqueurs filtrées & impulfées par la terre *, ce qui arrive après qu'elles ont été femées, & que les eaux de la pluie les ont ramollies.

Je donnai au Public mes obfervations fur le fyftême de la génération en 1749, & je combattis dans ce temps-là les hypothèfes des *oviparifles* & des *vermiculiftes*. Il me paroît que le filence qui a régné depuis vingt ans fur mon fentiment, en eft une efpéce d'approbation. Il feroit bien flatteur pour moi fi ma conjecture avoit lieu, après de fi longues réflexions de la part de mes Antagoniftes. Depuis lors, on ne parle que foiblement de l'exiftence des œufs dans les prétendus ovaires de la femme. Quelqu'un depuis a bien voulu dire que les femences des deux fexes étoient prolifiques, chacunes en particulier; que celle de la femme formoit une fille, & celle du mâle un garçon; que dans le coit, ces femences s'enveloppoient; que fi c'étoit celle de la femme qui enveloppât celle de l'homme, celle-ci pouffoit une racine dans l'utérus, & l'action de la matrice

---

*. Voyez ce que j'ai dit dans le Mercure de 1763, fur l'électricité de la terre, & la végétation des plantes.

en faisoit un mâle ; & au contraire, si celle de l'homme enveloppoit celle de la femme. Mais pour donner quelque vraisemblance à cette idée, il faudroit prouver que le femme est aussi bien organisée que l'homme. Ce système tient un peu à ce que je dis ; & s'il avoit été donné avant ma découverte de l'embrion tout formé dans la semence du mâle, on diroit que j'ai puisé mon idée dans celle-ci.

DES PARTIES DE LA GÉNÉRATION.
DE LA FEMME.

LES parties de la génération de la femme sont divisées en internes & en externes. Les internes sont situées dans le bassin, & communiquent avec les externes.

Ces parties principales sont l'utérus, ou la matrice, les trompes, les ovaires, les ligamens larges & ronds, les vaisseaux spermatiques, le conduit interne de la matrice, & une partie du vagin.

Les parties externes sont le pubis, ou le mont de Vénus, les grandes lévres, le sinus ou la grande fente, la fourchette ou la fosse naviculaire, les nymphes, le prépuce, le clitoris, le canal de l'uréthre, l'hymen, les caroncules mirtiformes & l'orifice externe du vagin. (*Planche III & IV.*) (r. *Planche III. fig. 1. & fig. 2. & 3 de la quatriéme Planche*). La matrice est située entre la vessie & le rectum ; sa figure approche assez de celle d'un flacon applati, ou d'une phiole renversée ; elle est composée d'un tissu spongieux, entrelassé de vaisseaux de tout genre, qui sont capables de s'étendre en tout sens, & de former un volume considérable, tant en épaisseur qu'en grandeur ; elle est plus épaisse dans son fond que près de son col. Le milieu est aussi beaucoup plus épais que les parties latérales ; à son extrémité inférieure se trouvent deux éminences un peu applaties, qui sont reçues dans la partie supérieure du vagin, à-peu-près comme le pilore est reçu dans l'intestin duodenum ; c'est ce que l'on appelle l'orifice interne de la matrice. (*Voyez aussi les Planches suivantes.*)

La figure de cet orifice ressemble assez au musle d'un Veau, nom que lui ont donné d'anciens Anatomistes.

A ses parties latérales & supérieures se trouvent deux ouvertures très-étroites ; l'une à droite & l'autre à gauche, qui sont les embouchures des trompes, lesquelles trompes sont deux tuyaux creux de six ou sept travers de doigts de longueur, qui commencent par un principe fort étroit, & s'augmentent à mesure qu'ils s'éloignent du fond de la matrice, pour former par leurs extrémités un pavillon, appellé la frange, ou le morceau déchiré, à cause qu'il est découpé dans toute sa circonférence.

(*Voyez les Planches & figures ci-dessus.*) Les trompes sont composées de plusieurs membranes, disposées à-peuprès comme celles du vagin ; elles sont attachées au ligament des ovaires par un repli du ligament large.

A côté des ouvertures des trompes, tant à droite qu'à gauche, on remarque deux forts ligamens, qu'on a regardé long-temps comme creux, & faisant la fonction de canaux excrétoires. A leur extrémité se trouvent deux masses glanduleuses, qu'on appelle les ovaires. (*Voyez de même.*)

Les membranes qui enveloppent les prétendus ovaires, sont au nombre de deux ; l'une est la suite du ligament large, & l'autre, qui est cellulaire, forme plusieurs petites loges, dans lesquelles on trouve de petites vésicules, que l'on croyoit être des œufs.

Les trompes & les ovaires reçoivent du sang par les artères spermatiques, & en font une légere secrétion. Les testicules dans l'homme ont les mêmes vaisseaux spermatiques ; mais ces viscères, plus parfaits que ceux des femmes, donnent la vraie semence dont se forme l'embrion. Les veines qui accompagnent les artères dont nous venons de parler, portent le même nom ; les unes & les autres formant par leurs entrelacemens le corps panpiniforme. Tous ces vaisseaux communiquent avec ceux qui se distribuent à la matrice.

La matrice est composée de trois membranes, dont la plus extérieure est un repli du péritoine.

La seconde est la plus considérable ; elle forme la propre substance de la matrice, laquelle est d'un tissu spongieux,

membraneux, nerveux, entrelassé de fibres charnues, & rempli d'une infinité de vaisseaux.

La troisiéme tunique est l'interne ; quoiqu'elle paroisse lisse, elle est cependant mammelonnée, & garnie de plusieurs petits pelotons glanduleux, qui laissent échapper une humeur glaireuse.

On observe encore que ces petits pelotons glanduleux grossissent & deviennent très-sensibles après la conception ; de sorte que le placenta s'augmentant, il y contracte une étroite liaison.

Les *vaisseaux limphatiques* rampent principalement dans les tuniques, qui sont des continuations du peritoine, sur la matrice & sur les ligamens dont nous venons de parler.

Les *conduits laiteux* se découvrent dans l'état d'une grossesse avancée, & ont quelque connection avec les pelotons des corps glanduleux dont nous venons de parler.

Les *trompes*, dites de *Fallope*, sont, comme nous venons de voir, deux canaux mollasses, coniques, vermiformes ou serpenteux, situés plus ou moins transversalement depuis le fond de l'utérus, jusques vers les parties latérales du bassin, & renfermées dans la duplicature des feuillets antérieurs des ligamens larges. La grosse extrémité des trompes est un peu recourbée ; elle est inégalement arrondie, & se termine en dehors par un orifice étroit & un peu plissé, qui est tourné vers l'ovaire, mais qui en est cependant écarté ; ce qui a fait accroire que les œufs se détachoient de l'ovaire, & tomboient dans le morceau frangé qui entoure le prétendu orifice externe des ovaires, comme dans un entonnoir, pour rouler ensuite dans le creux des trompes, & arriver dans l'utérus au moment de la conception : ce qui tient un peu du fabuleux ; car les prétendus ovaires n'ont aucune ouverture qui réponde à celle des trompes, & sont entierement closes de ce côté, comme nous avons observé, n'ayant leur issue que dans la matrice pour l'écoulement de la semence légere, limpide & âcre du sexe feminin.

Les *ligamens larges*, nommés aussi *ailes de chauves-souris*, forment deux duplicatures latérales, composées de deux feuillets ou aîlerons, dont l'antérieur est plus élevé que le postérieur ; ils sont lâches & flottans, & les lames qui les composent, tiennent ensemble par un tissu cellulaire, comme les duplicatures du peritoine, & renferment, comme nous avons dit, les trompes & les ovaires, une partie des vaisseaux spermatiques & les ligamens ronds.

Les *ovaires* sont des corps blanchâtres, ovales, applatis, longuets, situés chacuns latéralement sur les angles de la partie supérieure de la matrice ; ils sont suspendus par les vaisseaux spermatiques, comme les testicules dans les hommes, & attachés à un espéce de ligament rond & court, ainsi que les testicules le sont aux vaisseaux déférens, & enveloppés, comme nous avons dit, par la duplicature du feuillet, ou aîleron postérieur du ligament large ; ils sont composés d'un tissu spongieux très-serré, dans lequel on trouve de petits globules forts clairs & transparens, auxquels on a donné le nom d'œufs. Le tissu spongieux environne chacunes de ces vésicules, les serre très-étroitement, & paroît fournir à chaque globule une écorce adhérente & particuliere. Il faut cependant distinguer ces globules, selon M. Winslow, d'autres vésicules contre nature, appellées *hydatides*. Les hydatides sont des pustules ou vésicules pleines d'eau qui viennent en plusieurs parties du corps ; mais les globules dont il s'agit sont de véritables glandes pour la filtration de la semence féminine ; les mêmes glandes dans le testicule mâle sont moins apparentes, plus compactes & plus solides, & filtrent une semence plus parfaite, comme nous avons expliqué ailleurs.

Les *ligamens des ovaires* qui tiennent à l'extrémité voisine de l'utérus sont renfermés dans le bord des aîlerons, ou feuillets postérieurs des ligamens larges, à-peu-près comme la veine ombilicale l'est dans le bord du ligament ombilical du foye. Ils sont faits comme des cordons ronds, & d'un tissu filamenteux, attachés, comme on a observé, au fond de la matrice, un peu au-dessus de l'angle supérieur & latéral de ce viscere, & un peu postérieurement ; leur cavité est insensible dans les sujets disséqués ; ils peuvent & doivent être creux dans leur dilatation pour l'écoulement de la semence intérieure que l'on connoît, & qui ne peut provenir que d'un pareil viscere.

D

Les *vaisseaux sanguins* des parties de la génération de la femme sont de plusieurs sortes : 1°. les ramifications des artères & des veines hypogastriques qui vont au corps de l'utérus ; 2°. les vaisseaux spermatiques qui se jettent sur les ovaires & sur les trompes ; 3°. les vaisseaux qui forment les cordons vasculaires.

Les *branches hypogastriques* naissent de côté & d'autre de l'artère & de la veine de même nom, pour gagner les bords & la portion latérale de l'utérus, & se distribuent à toutes les parties, tant internes qu'externes. Ces branches font par-tout des contours & des entrelacemens extrêmement multipliés. Les artères d'un côté communiquent ensemble par leurs ramifications, & s'anastomosent sur l'utérus & dans l'épaisseur de ce viscere avec celles de l'autre côté, ce que font aussi les divisions de ces ramifications. Les veines qui accompagnent les artères, forment également une très-grande quantité d'anastomoses, & tous ces vaisseaux communiquent aussi avec les artères & les veines spermatiques, avec les bandes vasculaires des ligamens larges, & avec les hemorrhoïdaux.

On démontre clairement les anastomoses, en faisant des injections, & en soufflant dans les hypogastriques, après avoir fait les ligatures convenables, pour empêcher l'extravasion des liqueurs ou du vent. Ce sont les extrémités de plusieurs de ces artères qui aboutissent & s'ouvrent dans la cavité de l'utérus, & occasionnent le sang menstruel, ce qui cause quelquefois les pertes. Les veines ont de particulier leur communication avec les hemorrhoïdales internes, & par conséquent avec la veine porte.

Les *vaisseaux spermatiques*, dans le sexe féminin, ont le même entrelacement, la même origine que dans les hommes ; ils ne sortent pas du bas-ventre, mais ils se jettent sur les ovaires & les trompes, & communiquent avec les hypogastriques & les cordons vasculaires des ligamens larges. Les veines sont fort nombreuses, à proportion des artères. Ces vaisseaux se ramifient aussi latéralement, & paroissent communiquer avec les mesaraïques de la veine porte.

Les *cordons vasculaires*, ou ligamens ronds, sont deux longs trousseaux d'artères & de veines fort menues, entrelacées & liées ensemble par un tissu cellulaire très-fin, qui glissent dans l'épaisseur de la grande duplicature des ligamens larges ; ils partent des angles supérieurs & latéraux de l'utérus, & vont jusqu'aux ouvertures annulaires du bas-ventre. Ces vaisseaux dans leur trajet forment une saillie sur la surface antérieure de la duplicature de l'un & de l'autre ligament large, & la lame antérieure fournit au trousseau vasculaire une espéce de tunique, & le fait paroître comme un cordon particulier, appliqué à la face antérieure de la duplicature.

Ces cordons prennent leur origine de la communication des vaisseaux spermatiques avec les artères & les veines hypogastriques, & peuvent être regardés comme une continuation des vaisseaux spermatiques. L'attache de ces vaisseaux vasculaires aux coins de l'utérus, par rapport à celle des trompes & des ligamens des ovaires, est ainsi disposée. L'attache des trompes est la plus élevée ; l'attache des ligamens des ovaires est plus en arriere ; & celle des cordons dont nous parlons, est en devant plus basse que les autres.

Ces cordons prennent une route à-peu-près semblable à celle des vaisseaux spermatiques dans l'homme, sortent du bassin par les ouvertures des muscles du bas-ventre, jusqu'à la partie supérieure & presque moyenne des lévres du vagin, où ils disparoissent dans la graisse. On pourroit croire que ces vaisseaux fournissent la matiere des lacunes ; en sortant du bas-ventre, ils sont accompagnés d'une continuation du tissu cellulaire du peritoine, à-peu-près comme les cordons spermatiques dans l'homme, & d'un trousseau de fibres charnues qui composent une espéce de cremaster.

Les *lacunes*. On trouve vers les bords internes, à chaque côté de l'orifice du vagin, des ouvertures plus sensibles que toutes les autres qui aboutissent vers le même endroit. Ces ouvertures répondent par deux tuyaux à deux corps folliculeux, situés dans l'épaisseur interne des lévres, & sont regardés comme des prostates, à-peu-près semblables aux petites prostates dans l'homme. Quand on presse ces glandes, il en sort une liqueur visqueuse.

Le *sinus des lévres du vagin*. On appelle *sinus* la cavité longitudinale qui descend directement depuis la partie moyenne & intérieure du pubis, jusqu'à environ un pouce de distance de l'anus. On donne aux parties latérales de cette cavité le nom de *lévres*, que M. Winslow appelle *ailes*, & la jointure des lévres, s'appelle *commissure*. Les lévres sont plus saillantes & plus épaisses, & plus approchées dans leur partie supérieure ; elles sont composées de peau, de tissu spongieux & de graisse. La peau qui les couvre extérieurement n'est que la continuation de celle du pubis ; elle est plus ou moins égale & parsemée de plusieurs petits grains glanduleux, dont on peut exprimer une matiere cerumineuse blanchâtre ; & dans un âge avancé, elle se couvre comme le pubis. La face interne des lévres est comme la partie rouge de la bouche, & est séparée de la peau externe par une ligne plus marquée que celle qui sépare le rouge des lévres de la peau du visage. On observe dans la peau interne des lévres du vagin, un grand nombre de pores, & dans son épaisseur, quantité de petits grains glanduleux, qui fournissent une liqueur plus ou moins sebacée. Ces grains sont plus marqués sur les bords extérieurs, que plus avant dans le vagin.

Le *pubis* est l'éminence qui est au bas de l'hypogastre dans l'intervalle des deux aines, auquel endroit, & à l'âge de puberté, croît un espéce de poil, nommé *pubes*, un peu laineux, comme celui qui croît sous les aisselles. Cette éminence n'est qu'une épaisseur particuliere de la membrane adipeuse, plus ou moins remplie de graisse, qui couvre la partie antérieure de l'os pubis, & quelques petites portions des muscles voisins.

Le *clitoris* est situé intérieurement après la commissure des lévres extérieures du vagin. Il paroit d'abord sans dissection, comme un petit gland, excepté qu'il n'est pas percé ; il est recouvert en dessus, & latéralement d'un prépuce formé par un repli particulier d'une portion de la face interne des lévres du vagin. Ce repli ou prépuce paroît glanduleux, & suinte une humidité ; il est grenu à sa face interne.

En disséquant ces parties, on y découvre un tronc, ou corps caverneux, & deux branches à-peu-près comme celles du pénis ; le tout pareillement composé d'un tissu spongieux ou caverneux, comme nous venons de dire, & de tuniques ou membranes fort élastiques, mais sans uréthre. Ce tissu se gonfle, ce qui arrive de même dans la dissection, quand on l'entend par le souffle ou par l'injection anatomique de l'artère. L'épaisseur du tronc du clitoris est partagée en parties latérales par une cloison mitoyenne, depuis sa bifurcation jusqu'au gland, où elle s'efface insensiblement.

La bifurcation du tronc est attachée sur le bord de l'arcade cartilagineux des os pubis, comme dans l'homme, & les branches qui sont aussi comme les racines des corps caverneux, sont de même attachées chacune au bord de la branche inférieure de l'os pubis voisin, & s'étendent intérieurement sur la petite branche de l'ischion, & se terminent enfin insensiblement ; & quelquefois en certains sujets, elles vont jusqu'à la tubérosité de cet os.

Ce qui rend ces parties si semblables à celles de l'homme, comme nous avons observé dans la table précédente, c'est que, jusqu'aux moindres particularités, la conformité des sexes est exactement observée. Le ligament suspensoir, attaché à la symphise de l'os pubis, proportionné à la grandeur du clitoris, & qui renferme le tronc de sa duplicature, n'est point oublié.

Les *muscles du clitoris*. Il y a quatre trousseaux de fibres charnues attachés au tronc du clitoris, deux à chaque côté ; l'un de ces muscles descend le long du corps caverneux qui lui est voisin, & le couvre entierement, & s'attache ensuite par une portion tendineuse & aponevrotique en partie à l'extrémité de ce corps caverneux, & en partie plus bas à la tubérosité de l'os ischion. On donne à ce muscle le nom d'*erecteur* comme dans l'homme. Le second muscle du même côté descend à côté de l'uréthre, & du grand conduit ou vagin, en s'élargissant jusqu'au sphincter de l'anus, auquel il se termine en partie, à-peu-près comme celui qu'on appelle *accélérateur* dans l'homme. Ce muscle & son semblable du côté opposé, embrassent ensemble latéralement, & fort près de l'uréthre une portion du grand conduit ; ils deviennent fort larges en descendant, & se répandent jusqu'au deſſous ſous les parties latérales du vagin, comme dans l'homme ſous le canal de l'uréthre. Pluſieurs anatomiſtes ont regardé ces deux muſcles comme une eſpéce de ſphincter ou ceinture muſculaire ; tous ces muſcles ſont garnis de beaucoup de graiſſe.

Les *vaiſſeaux du clitoris* viennent principalement des vaiſſeaux hypogaſtriques ; les nerfs ſont fournis par la ſeconde & troiſiéme paire des nerfs ſacrés, & par ce moyen, communique avec le plexus méſentérique inférieur, & avec les grands nerfs ſympatiques, ce qui donne une extrême ſenſibilité.

Les *nymphes* ſont naturellement les crêtes, on les babines du clitoris ; ce ſont deux replis fort ſaillans de la peau interne des lévres intérieures du vagin, qui s'étendent depuis le prépuce du clitoris, juſques vers les deux côtés inférieurs de l'orifice du vagin ; elles commencent par des petits filets en pointe, & s'élargiſſent & groſſiſſent enſuite ; & ſe reſſerrant de nouveau, prennent la forme d'un fuſeau. Leur tiſſu eſt ſpongieux ; elles ſont glanduleuſes ; leur ſituation eſt oblique, étant rapprochées par leur extrémité ſupérieure, & néceſſairement écartées par leur attache inférieure, elles ſont plus ou moins colorées & plus ou moins flétries, ſelon l'âge & le tempérament.

L'*uréthre*, ou le conduit urinaire, a ſon orifice dans l'intervalle des nymphes, ſous le tronc du clitoris ; & on peut conſidérer cet orifice ſous la bifurcation de ſes branches, formant un anneau ridé & picoté de pluſieurs petites lacunes, dont on peut exprimer un ſuc plus ou moins viſqueux ou mucilagineux. Cet orifice ſe retire un peu intérieurement dans le temps de la groſſeſſe. Le corps de ce canal eſt un conduit ſpongieux, à-peu-près comme dans l'homme, mais fort court, & n'eſt pas autre choſe que le col de la veſſie dans le ſexe maſculin ; il paſſe ſous l'arcade cartilagineuſe des os pubis, & ſe courbe vers ſon extrémité. La membrane interne de ce conduit eſt un peu pliſſée & percée de petits trous qui répondent à des follicules enfermées dans ſon épaiſſeur comme dans l'homme. La continuation de cette membrane interne qui couvre la cavité interne de la veſſie, eſt inégalement ridée, quand la veſſie eſt vuide.

Le *vagin* eſt poſé obliquement de bas en haut entre le rectum & la veſſie ; ſon extrémité antérieure qui forme ſon orifice, eſt bordée de nymphes & de grandes lévres externes dont nous avons parlé, qui par leurs commiſſures, forment une ouverture ovale & anguleuſe. L'extrémité poſtérieure s'unit avec le corps de l'utérus, & embraſſe ſon orifice, à-peu-près comme l'inteſtin duodenum s'attache autour du pylore, ou comme l'inteſtin cœcum avec le colon, s'attachent autour des extrémités de l'ileum. Le corps du vagin eſt principalement compoſé d'un tiſſu ſpongieux, entrelacé de quantité de vaiſſeaux ſanguins dans les filles ; il eſt beaucoup plus allongé, & a beaucoup plus de diametre dans les femmes ; il eſt plus ou moins dilaté ; il eſt plus ou moins court ; ſa ſurface interne ou concavité

eſt plus ou moins ridée tranſverſalement ; ſelon ſon extention ou ſon diametre. Cette ſurface eſt revêtue d'une membrane particuliere ; les rides internes de ce conduit forment des portions d'arcades, poſées fort près les unes des autres, rangées de maniere qu'elles diviſent la concavité de l'utérus en deux faces, l'une ſupérieure & l'autre inférieure. La rencontre de ces rides ou arcades ſupérieures & inférieures forme une eſpéce de raphé, ou couture irréguliere & latérale, tant d'un côté que de l'autre ; ces arcades ſont ſouvent entrecoupées par le milieu, & diviſées en demi-arcades, ce qui varie ſelon les uſages plus ou moins fréquens.

L'extrémité poſtérieure du vagin environne l'orifice de l'utérus obliquement, c'eſt-à-dire, que dans la partie ſupérieure, l'orifice de l'utérus s'attache au fond du vagin ; mais dans la partie inférieure, cet orifice avance, & le fond du vagin eſt plus reculé, & forme un cul-de-ſac.

L'*hymen* eſt un cercle membraneux vers l'extrémité antérieure du vagin ; on ne l'apperçoit que dans le bas âge, & avant les régles menſtruelles. Il a exiſté quelquefois dans les vieilles filles, mais fort rarement. Ce cercle eſt ordinairement bordé d'un repli membraneux plus ou moins circulaire, qui forme une ouverture ou lucarne plus ou moins large, & quelquefois ſemi-lunaire. Ce cercle reſſerre le vagin, & le rend plus étroit, & ſemble vouloir le fermer & le garantir ; mais s'il eſt rompu, c'eſt pour toujours ; il forme le caractère & le ſceau de l'hymen ; ſes traces même n'exiſtent plus après l'accouchement.

Les *caroncules* ſont la partie la plus ſolide de ce cercle membraneux dont nous venons de parler ; on les nomme *Myrtiformes*, parce que les lambeaux qu'elles retiennent, lui donnent la forme d'une feuille de myrthe. Mais ces reſtes de virginité s'effacent, & ne laiſſent que des foibles traces de leur premiere exiſtence. Pluſieurs Anatomiſtes prétendent que le cercle membraneux peut ſouffrir quelque dérangement par les régles abondantes, par des accidens particuliers, par imprudence ou par légéreté.

Les *plexus rétiformes* recouvrent extérieurement le vagin dans ſa portion antérieure, & forment deux plans vaſculaires & caverneux, minces & larges, qui deſcendent de côté & d'autre du clitoris, derriere les nymphes, & dans leur continuation, recouvrent le canal de l'uréthre en maniere de col, & avant de ſe répandre ſur le vagin, le tiſſu du plexus ſe gonfle par le ſouffle comme une rate mollaſſe, & à-peu-près comme le corps caverneux du clitoris, avec leſquels il paroît même communiquer ; ce qui a donné lieu d'appeler ce plexus rétiforme, les jambes internes du clitoris : c'eſt une eſpéce de rete admirable, qui vient principalement des vaiſſeaux hypogaſtriques.

Je crois que la deſcription exacte & anatomique des parties naturelles de la femme que l'on vient de voir, confirme bien ce que j'ai dit de la conformité & du parallele des ſexes dans l'homme, ce qui eſt de même dans les animaux.

LA FEMME DISSÉQUÉE

Dans le commencement de ſa Groſſeſſe, & l'Anatomie du Sein.

PLANCHE TROISIÉME.

Dans cette Planche, on repréſente le Corps & les extrémités ſupérieures d'une jeune Femme diſſéquée au commencement de ſa Groſſeſſe, de laquelle la peau ne couvre que la tête & le col. A. B. On y voit le Sein découvert avec ſes glandes & ſes vaiſſeaux ; les Parties naturelles ſont en ſituation, & la Matrice ſe trouve déja groſſie. Dans le Bas-Ventre, on voit en ſituation l'eſtomac, le foye, le pancreas, le duodenum, les reins, & les gros vaiſſeaux de cette partie du corps humain.

Le corps & le haut des extrémités inférieures.

LES MUSCLES.

aa. COUPE de l'Oblique externe.

dd. Le même Muſcle dans ſes digitations avec le grand dentelé.

A. B. Coupe de la peau.

S. Le grand dentelé dont on ne voit que les digitations.

F. Portion du grand Dorſal.

I. Le grand Feſſier (ſon attache inférieure.)

K. Le moyen Feſſier.

L. Le Pectineus.

M. Portion du Triceps.

W. Celle du côté droit.

H. Attache ſupérieure du Vaſte externe.

T. Le Couturier, coupé du côté gauche vers son attache supérieure.
V. Portion du Fascialata.
ee. Le haut de Muscle crural.
ff. Le Pectineus du côté droit.
gg. Coupe du Muscle grefle antérieur.
hh. Portion inférieure des Muscles iliaque & psoas.
g. Le haut du Grefle antérieur du côté droit.

LES OS.

A. Le haut du Sternum.
a. La Crête antérieure de l'os des îles.
g. La fourchette de l'Sternum.
f. Le bord des fausses Côtes.

LES ARTERES ET LES VEINES.

4. Branches de la Mammaire interne.
6. Coupe de la Veine porte.
7. La naissance des Artères spermatiques.
10. L'Aorte inférieure.
11. La veine cave inférieure.
12. La Veine & artère émulgente.
13. Les Suréinales.
14. Les Artères & Veines spermatiques.
20. & 21. Coupe des Veines & Artères mammaires internes qui vont s'anastomoser avec les épigastriques.
22. Les Iliaques internes. Et 17. du côté gauche.
23. La sortie du Bassin de la Veine iliaque.
24. Le Veine crurale.
25. La Saphene. (Et 17. du côté gauche.)
26. Les Veines & Artères honteuses externes.

LES VISCERES.

a. b. Le Sein découvert, qui représente les vaisseaux & les glandes du lait.
b. L'Areole & le Mammelon, avec les points blancs pour l'issue du lait.
c. d. e. Le Sein gauche couvert des ramifications des artères & des veines mammaires.
i. Les bords du grand Lobe du foye.

k. La Vésicule du fiel.
j. L'Estomac sous lequel on voit une portion de la rate.
m. Le Pilore.
l. Le Duodenum. ll. Le Pancreas.
m. Portion de la Rate. **n.** Les Reins.
o. Les Glandes suréinales.
p. Les Uretères.
q. Le Rectum.
r. L'Utérus dans le commencement de la grossesse.
f. Les Ovaires & les Trompes.
t.u. Le Morceau frangé.
v. Les Ligamens ronds.
x. Les Ligamens larges, ou aîles de chauve-souris.
y. La Vessie de l'urine.

Les Extrémités supérieures.

LES MUSCLES.

C. Le Deltoïde.
D. Le Biceps.
E. Le grand pectoral.
F. Extrémité du grand Dorsal.
G. Portion du grand rond.
H. Portion du Coraco brachial.
I. Le grand Anconé.
L. L'Anconé interne.
M. Portion du Brachial.
N. Portion du long Supinateur.
O. Le Cubital externe.
P. Le Radial interne.
Q. Le rond Pronateur.
R. Le Cubital interne.
S. Le long Palmaire.   **T.** Le Radial externe.
V. L'Extenseur commun.
X. Les premiers Extenseurs du pouce.
a. Le second Extenseur.
b. Le Thenar.
c. Les Tendons de l'Extenseur commun.

LES VEINES.

15. La Cephalique. **16.** La Bazilique.
17. La Mediane.

PLANCHE QUATRIÉME.

Cette Planche se joint à la Planche précédente, pour former la Figure entiere & la démonstration des Muscles des extrémités inférieures ; la seconde Figure est pour voir ce qui reste à démontrer des Parties de l'homme à la suite de la onzième Planche ; & la troisiéme Figure est la coupe du Bassin.

FIGURE I.

LES MUSCLES.

A. Le Tibial antérieur.
B. L'Extenseur propre du pouce.
C. Le long Peronier.
D. Le long Extenseur commun des doigts du pied, & sa coupe.
E. Le Pedium du court Extenseur.
F. Tendon du Tibial postérieur.
f. Le Ligament du pied du côté gauche, & marqué k. au côté droit.
g. La peau qui couvre le Calcaneum.
h. Tendon du grand fléchisseur des orteils.
i. Celui du pouce.
k. Le Ligament qui les contient avec celui du Tibial postérieur.

LES OS.

a. La Rotule.
b. Les Tubérosités de la tête du Tibia.
c. Le corps du Tibia.
d. Le Condile externe du Fémur, & la partie externe de la tête du Tibia.
e. La Maléole interne de cet os.
f. La Maléole externe où s'attache le ligament.

LES ARTERES.

27. Les Anastomoses des Artères de la jambe.

18. La Tibiale antérieure de la jambe droite.
19. La Postérieure de la même partie.
28. Branche de la Peroniere qui va sur la convexité en pied.

FIGURE II.

La Verge tronçonnée & les Muscles de l'Anus.

A. L'Os pubis. **B.** L'Os Ischion.
C. L'Artère obturatrice qui sort par la partie supérieure du ligament du trou ovaiaire, qui est un rameau de l'hypogastrique, & va aux Muscles voisins, aux Glandes inguinales.
D. Coupe de la Verge. **E.** Coupe du Canal de l'Uréthre.
N. Les Muscles érecteurs.
a. Les Accélérateurs. **b.** Les Transverses.
c. Les Protastiques supérieurs. **d.** Les Protastiques inférieurs.
e. Les Sphincter de l'Anus. **f.** Les Releveurs de l'Anus.

FIGURE III.

Cette Figure représente la coupe du Bassin, & de la Matrice dilatée.

A. La premiere Vertebre des Lombes. **B.** L'Os Sacrum.
C. Les Os des Isles. **D.** L'Os Pubis.
E. Les Os Ischion.
F. La partie supérieure du Fémur.
G. Coupe de la Matrice dilatée.
H. L'entrée du Vagin.

La

Plan. III

LA FEMME ENCEINTE,

SUR LA FIN DE SA GROSSESSE.

Cette Figure est composée des Planches cinquiéme & sixiéme ; elle représente une Femme vers son neuviéme mois , & les parties du Sexe féminin détachées.

PLANCHE CINQUIÉME.

Le Corps & les Extrémités supérieures.

Les Muscles.

A. LE De'toïde.
B. Le Grand Dorsal.
C. L'Scapulaire ou Trapeze.
D. Le grand Rond. *a*, Le petit rond.
E. Le Sous-épineux.
F. Digitations du grand Dentelé.
G. Le grand Anconé.
H. L'Anconé externe.
I. Le long Supinateur.
K. Portion du Biceps.
L. M. Coupe des Muscles du bas-ventre.

N. Le grand Fessier , qui se joint aux extrémités inférieures.
O. Le Grêle antérieur des mêmes parties.
P. Portion du Couturier des extrémités inférieures.

Le Bas-Ventre.

a a. La Plevre.
b. Coupe de la Matrice.
c. Coupe du Placenta.
d. Le Fœtus dans sa situation naturelle, au terme de huit mois ou environ.
e. Le Cordon ombilical.
f. Les Trompes recourbées par l'élévation de la Matrice.
g. Les Ovaires.
h. La Vessie de l'urine comprimée.

PLANCHE SIXIEME,

Les Extrémités inférieures & la Femme en travail.

FIGURE I.

Les Muscles.

A. L'Extrémité inférieure du fessier.
B. Le Fascialata.
C. Le Jartier.
D. Le Vaste externe.
E. Le Biceps.
F. Les Jumeaux.
G. Commencement du Tendon d'Achille.
H. Le Peronier antérieur , ou moyen Peronier.
I. Le long Peronier , ou Peronier postérieur.
K. Le long Extenseur commun des orteils.
L. Le court Extenseur, ou Pedieux.
M. Le petit Peronier.
N. Le demi-Membraneux.
O. Le demi-Nerveux.
P. Le Grêle interne.

FIGURE II. & III.

La Femme en travail d'enfant.

A. Le Mont de Vénus. B. Les Cuisses écartées.
C. La Fourchette. D. L'Anus.
E. Les grandes Lévres. F. Les Caroncules.
G. Les Nimphes. P. Le Clitoris.
L. Le Meat urinaire.
M. Coupe du Bas-ventre. N. Coupe de la Matrice.
O. Portion des Intestins , & de l'Epiploon.
P. L'Amnios ouvert.
Q. Le Fœtus culbuté , & sa tête sur le bassin.

FIGURE IV.

Les Parties extérieures d'une Fille.

E. Le Meat urinaire.
F. Le Clitoris.
G. Les Nimphes.

H. L'Hymen & la petite Ouverture pour le passage des ordinaires.
I. Les Caroncules.
L. Les grandes Lévres.
M. La Fosse naviculaire.

FIGURE V.

La Matrice d'une jeune Fille , vue de côté.

A. Le Mont de Vénus.
B. C. Les Cuisses tronçonnées.
D. Les bords des grandes Lévres.
E. F. Coupe des chairs & des graisses de la Cuisse.
G. La Vessie de l'urine.
H. Coupe de l'Os des isles.
I. La bifurcation de l'Aorte.
K. L. Les Iliaques internes.
L. Naissance des Hypogastriques.
M. L'Iliaque externe.
O. Le Rectum.
P. Les Ligamens ronds.
Q. Les Trompes de Fallope.
R. L'Uterus.
S. Le Vagin.
T. Les Ligamens larges, & leur production vers le rectum.
X. Les Ovaires.

FIGURE VI.

Cette Figure est une Matrice vue postérieurement , & une coupe du Bassin.

A. Le Rectum. B. Coupe de la Peau & des Graisses.
C. L'Anus.
D. Les Fesses.
E. Coupe des Muscles.
M. Les Vaisseaux hypogastriques.
N. Les Ligamens larges.
O. Les Ovaires.

E

P. O. Les Trompes.
R. L'Uterus.
S. Les Uretères.

DES REINS.

(c, e. *Planche fig. I.*) Les reins sont deux corps glandu-leux, un peu fermes, que l'on met au rang des glandes con-glomerées.

Leur figure ovalaire est à-peu-près comme celle d'une grosse fève d'haricot, leur couleur est d'un rouge qui tire as-sez sur le brun.

Ils sont situés hors du sac du peritoine, dans la cavité du bas-ventre, de chaque côté des vertèbres lombaires, entre la dernière des fausses côtes & les os des iles, dans la région appellée lombaire.

Le rein droit est sous le gros lobe du foye, & par consé-quent plus bas que le rein gauche, qui est sous la rate. Quelquefois les reins sont parallèles, & de la même hauteur, & quelquefois il n'y en a qu'un; alors il est situé transver-salement sur le corps des vertèbres.

On remarque à chaque rein une face antérieure, & une face postérieure.

Une extrémité supérieure & une inférieure.

Une grande courbure & une petite courbure, ou une convexité & une concavité.

La postérieure est plus large que la face antérieure.

L'extrémité supérieure est aussi plus large & un peu plus courbée que l'inférieure.

Les Reins sont enveloppés d'un tissu membraneux & cel-lulaire, fort large, que l'on appelle membrane adipeuse, ou graisseuse.

Ce tissu s'étend aussi sur les artères & sur les veines émul-gentes.

La tunique, ou membrane propre des reins, est com-posée de deux lames, entre lesquelles il y a un tissu cellu-laire, extrêmement fin, que l'on peut rendre sensible, en soufflant entre ces deux lames avec un tuyau très-delié.

La lame externe est lisse & polie, & rend toute la sur-face des reins très-unie & égale dans les adultes; mais dans les enfans, cette convexité est comme divisée en plusieurs bosses, ou lobes, à-peu-près comme le sont ceux du veau.

La lame interne se plonge de tous côtés dans la subs-tance des reins; de sorte que l'on ne peut l'en séparer sans déchirement; elle forme des cloisons, qui s'insinuent dans la substance des reins, contribuent à former les calices & le bassinet, que l'on appelle entonnoir. *On verra ces parties plus détaillées dans les figures suivantes.*

Usage des Glandes du Rein.

On distingue trois substances dans les reins, une corticale ou glanduleuse, une canelée ou rayonnée, & la troisième mammelonnée, qui est la réunion de tous les petits canaux excréteurs.

La substance corticale, ou glanduleuse, qui est l'exté-rieure, n'est autre chose que l'amas de tous les petits grains glanduleux qui doivent filtrer l'urine.

La seconde canelée, ou rayonnée, est formée de tous les canaux excréteurs des glandes qui composent la subs-tance corticale ou glanduleuse.

La troisième substance des reins, est la mammelonnée; elle réunit les ouvertures de tous les petits canaux excré-teurs; de sorte que plusieurs de ces canaux se réunissant en-semble, forment des mammelons de figure conique. Ces mammelons sont au nombre de dix ou douze; ils sont li-bres, & pendent dans leur calice, qui quelquefois sont doubles.

Ces calices sont de petits entonnoirs membraneux, qui se réunissant ensemble, forment trois branches principales; savoir une supérieure & une inférieure, que l'on peut voir sans détruire le rein. Ce sont ces trois branches que l'on appelle le bassinet du rein, lesquelles réunies ensemble, forment le commencement de l'urétère, qui est le conduit des urines.

Les vaisseaux des reins sont artères, veines, nerfs, & vaisseaux lymphatiques.

Les artères qui vont aux reins sont nommées émulgen-tes, ou artères reinales; elles viennent de l'aorte inférieure, & en partent latéralement. Quelquefois elles sont doubles, & sur-tout du côté gauche.

Les veines qui rapportent le résidu du sang, portent le même nom, & vont s'ouvrir dans la veine cave infé-rieure.

Les nerfs viennent des intercostaux & des lombaires; ils forment des plexus assez considérables, qui accompagnent les vaisseaux qu'on appelle plexus émulgens, ou reinaux.

Les vaisseaux lymphatiques vont se rendre dans les vei-nes lactées, & au canal thorachique.

Des Capsules attrabilaires, ou Reins succenturiaux.

(*Voyez la même Planche.*) Les capsules attrabilaires sont deux glandes un peu jaunâtres, applaties & couchées sur la partie supérieure de chaque rein; leur figure ressemble assez à une crête de coq, ou à la partie supérieure d'un casque, la base en est un peu large, concave, & posée sur l'extrémité supérieure du rein.

Leur grosseur est différente selon les âges; elles sont fort considérables dans le foetus, & très-petites dans les adultes.

Leur substance est mollasse, spongieuse & glanduleuse, & leur couleur est encore différente, à proportion des âges. Dans les jeunes sujets, elles sont d'un jaune tirant sur le rouge, & dans les adultes, d'un jaune plus brun.

Les capsules attrabilaires ont une petite cavité qui con-tient une humeur épaisse, qui est pour l'ordinaire de la couleur de la glande.

Quand on souffle dans la capsule attrabilaire, l'air entre dans la veine capsulaire, ce qui n'arrive point lorsqu'on souffle par l'artère, & ce qui a fait croire à plusieurs auteurs que la veine attrabilaire faisoit la fonction de veine & de canal excréteur. Leur usage n'est pas encore connu.

Les capsules sont recouvertes par la membrane adipeuse commune, hors du peritoine, de même que les reins. On trouve une membrane au-dessous de la première, qui est la membrane propre de la capsule.

Les artères qui s'y distribuent viennent de l'artère émul-gente, & quelquefois de l'aorte; ses veines s'ouvrent dans les émulgentes, & ses nerfs sortent du Plexus renal.

DES URETERES.

(*Voyez la même Planche.*) Les urétères sont les canaux ex-créteurs des reins; ils servent à expulser la liqueur que l'on nomme urine, après qu'elle a été filtrée & séparée du sang, par ces mêmes viscères.

L'origine des urétères provient des petits calices, ou petits entonnoirs membraneux; qui se réunissant ensem-ble, forment trois branches principales, comme nous avons dit, qui forment ce que nous appellons bassinet, & font le commencement de l'urétère.

Les Urétères sortent ensuite par l'échancrure des reins à leur bord inférieur, au-dessous de l'artère & de la veine émulgente; ils passent quelquefois derrière leur bord infé-rieur; chaque urétère descend obliquement sur le muscle psoas, étant entourés de la portion externe & cellulaire du peritoine; ils passent ensuite derrière le cordon des vais-seaux spermatiques & devant les vaisseaux iliaques, pour entrer dans le bassin; c'est-là qu'ils s'entrelacent avec l'ar-tère ombilicale, pour s'implanter ensuite à la partie posté-rieure & inférieure de la vessie, proche son col.

Les urétères rentrent dans la vessie obliquement, en per-çant les membranes, de façon que l'une de ces membranes bouche l'ouverture que l'urétère a fait à l'autre, & par ce moyen empêchent l'urine de sortir de la vessie, & de rétrograder; quoique dans les suppressions d'urine cela ne laisse pas d'arriver; mais il faut pour cela que la vessie soit extrêmement pleine, & que l'urine ne puisse sortir par son ouverture ordinaire.

Les urétères sont des canaux très-élastiques, qui se prê-tent en tout sens, & reprennent bientôt après leur étendue naturelle, pourvu qu'ils n'ayent pas trop long-temps souffert une tension forcée; leur grosseur est à-peu-près comme celle d'un tuyau de plume à écrire, plus large en haut, pro-che du rein, que par-tout ailleurs; ils se contournent en forme d'S Romaine, dans le trajet qu'ils font pour aller du rein à la vessie.

On en trouve dans de certains sujets qui ressemblent à

de petits inteſtins, tant par leur groſſeur, que par leur courbure.

Ils ſont compoſés de trois tuniques propres, dont la premiere qui environne les autres, eſt blanchâtre, d'un tiſſu filamenteux, très-ſerré, & cependant fort facile à s'étendre, & qui paroît comme un tiſſu cellulaire ordinaire.

La deuxième tunique eſt rougeâtre; elle eſt plus forte, & formée de différentes couches de fibres qui ſe croiſent, & il eſt difficile de diſcerner ſi elles ſont muſculeuſes, ou ſimplement membraneuſes.

La troiſiéme eſt légèrement grainue, comme un velouté très-ras, & mouillé par-tout d'une liqueur mucilagineuſe; elle eſt pliſſée par des rides longitudinales, & par quantité de petites rides tranſverſales.

Outre ces tuniques propres, les uretères ſont environnés du tiſſu cellulaire du peritoine.

On peut mieux voir le velouté & les rides des uretères, en les faiſant floter dans l'eau claire.

Il y a des ſujets où l'on trouve deux uretères à chaque rein.

Les artères & les veines qui s'y diſtribuent, ſont de petits rameaux des branches ſpermatiques & des lombaires; ſes nerfs viennent des plexus méſentériques & rénaux.

DE LA VESSIE.

(*Voyez la II Planche.*) La veſſie eſt un ſac membraneux & muſculeux, dont la figure imite aſſez celle d'une bouteille renverſée; elle eſt ſituée à la partie inférieure & antérieure du baſſin, devant l'inteſtin rectum, hors de la lame du peritoine. Par ſa poſition externe & cellulaire, elle ſe tient attachée aux ſurfaces ſupérieures & poſtérieures des os pubis, & principalement à leur ſimphiſe.

On la diviſe en fond, en col, en parties antérieures & en partie latérales.

On donne le nom de fond à la partie ſupérieure, & celui de col à la partie inférieure.

Elle eſt compoſée de quatre tuniques, à peu près comme l'eſtomac, à la réſerve que la tunique externe n'eſt en partie que la vraie lame du peritoine qui la recouvre; ſavoir en haut, en arriere, & un peu ſur les côtés.

Le reſte de la veſſie eſt entièrement enveloppé du tiſſu cellulaire par ſa portion externe, qui l'attache aux os pubis dans leur ſurface interne, comme je l'ai déja dit.

La ſeconde eſt la muſculeuſe; elle eſt compoſée de pluſieurs couches de fibres charnues, dont les externes ſont pour la plupart longitudinales, & les internes plus inclinées de côté & d'autre, de plus en plus obliques, & enfin preſque tranſverſales. Toutes ces fibres ſe croiſent différemment, & tiennent enſemble par un tiſſu cellulaire très-fin.

La troiſième tunique eſt appellée la nerveuſe, & eſt à-peu-près d'une ſtructure ſemblable à celle de la tunique nerveuſe de l'eſtomac.

La quatriéme eſt la veloutée; les rides qu'on y remarque ſont irrégulieres, quand elle eſt vuide, & elle eſt naturellement dans un état de contraction. Cette tunique eſt légèrement grainue, & comme glanduleuſe; il en tranſpire continuellement une limphe mucilagineuſe, qui enduit toute ſa ſurface interne, & ſert à la défendre contre l'acrimonie de l'urine.

La partie inférieure de la veſſie eſt percée par trois ouvertures; l'une antérieure, & deux latérales un peu poſtérieures.

L'antérieure, qu'on appelle le col de la veſſie, eſt formée par le prolongement de toutes les tuniques propres, en maniere de goulot; les deux autres ouvertures ſont faites par l'extrémité inférieure des uretères qui y aboutiſſent, comme je l'ai dit.

Le col de la veſſie forme en ſe prolongeant le canal de l'uréthre, tant aux hommes qu'aux femmes.

L'uſage de la veſſie eſt de recevoir l'urine, de la contenir pendant quelque temps.

Au ſommet de la veſſie, on voit un cordon ligamenteux, qu'on appelle l'ouraque, qui morte entre le peritoine & la ligne blanche juſqu'au nombril, & diminue d'épaiſſeur à meſure, & il n'eſt d'aucun uſage dans les adultes.

DES MAMMELLES.

(a, b, c, d.) *Planche premiere.* Les Mammelles ne ſont pas conſidérables dans les hommes & d'aucun uſage: celles des femmes ſont les plus apparentes, ce ſont les réſervoirs de notre première nourriture.

Elles ſe gonflent, & elles croiſſent à l'âge de quatorze ans dans les filles; ce gonflement s'exprime en latin par *Mammæ ſororiantur.* Elles diminuent dans un âge avancé, lorſqu'elles deviennent inutiles. Le bout des mammelles, ou ſon embouchure, s'appelle mammelon.

La ſubſtance des tetons eſt compoſée d'une grande quantité de graiſſe, d'une ſubſtance blanche, qui paroît être glanduleuſe, d'une quantité de corps globuleux, qu'on appelle les glandes de *Nuk.* Pluſieurs veulent que ces corps ne ſoient ſeulement qu'une eſpèce de graiſſe plus épurée. *Verrheyen* ſoutient le contraire. On trouve parmi cet amas de diverſes parties fines, un entrelacement d'une portion de la membrane adipeuſe, ou graiſſeuſe, dont les pellicules cellulaires ſoutiennent un grand nombre de vaiſſeaux, tant arteres que veines, nerfs, vaiſſeaux limphatiques, conduits ſéreux, ou laiteux, & un grand nombre de petites grappes glanduleuſes, qui dépendent de cette membrane; le tout en ſe rétréciſſant, fait un eſpèce de cercle, que l'on nomme *Aréole.* Les mammelles ſont fortement arrêtées entre deux membranes, qui ſont la continuation des pellicules graiſſeuſes; la plus interne de ces deux membranes, qui fait le fond, & qui eſt comme la baſe du corps de la mammelle, eſt épaiſſe, & attachée au muſcle grand pectoral.

L'externe eſt plus fine, & forme au corps de la mammelle une eſpèce de tégument particulier, plus ou moins convexe, & très-adhérent à la peau.

L'aréole, ou cercle coloré, eſt garni de corps glanduleux, qui s'élevent d'eſpace en eſpace, comme des monticules autour de ce cercle.

Le mammelon où aboutit le ſein dont nous avons parlé, ſort du centre de l'Aréole, eſt ſpongieux, élaſtique, & plus ou moins conſidérable de certains ſujets. Il a ordinairement plus de volume dans les nourrices que dans toute autre perſonne. Il change de couleur ſuivant les différens âges.

Les conduits laiteux ſe rendent à la ſommité du mammelon, & s'y ouvrent par autant de petits trous, ou orifices qui ſont preſque imperceptibles.

Le corps du mammelon eſt enveloppé d'une production cutanée, extrêmement mince, & de l'épiderme. Quantité de petites éminences & de rugoſités rendent ſa ſurface externe ſort inégale.

Les arteres & les veines qui ſe diſtribuent dans les mammelles, ſont des ramifications de celles qui portent les noms particuliers d'artères & de veines mammaires, dont les unes ſont des branches des ſouſclavieres, & appellées mammaires internes; les autres ſont des productions des axillaires, & ſont nommées mammaires externes. Ces vaiſſeaux communiquent entr'eux avec ceux des environs, & avec les épigaſtriques.

Les nerfs viennent principalement des nerfs couſtaux, & par leur moyen communiquent avec les grands ſympathiques.

Uſage des Mammelles.

L'uſage des mammelles dans les femmes, eſt de ſéparer du ſang le ſuc laiteux qui ſert à la nourriture des enfans.

Ce qui paroît un prodige dans la nature, c'eſt que ces parties qui ne faiſoient point cette ſécrétion avant l'accouchement, & qui ne la font jamais dans les vierges, ayent en deux fois vingt-quatre heures la faculté de fournir aſſez de lait pour nourrir le nouveau né.

LA FEMME EN COUCHE ET LE FŒTUS.

On peut affembler les deux Planches fuivantes.

PLANCHE SEPTIÈME.

La tête renverfée pour voir les Mufcles du Col & la Carotide mieux développée ; la Plevre à découvert & les Mammaires ; les Mufcles du bas-ventre, & les Épigaftriques.

FIGURE I.

Les diverfes Parties.

a. LA Mâchoire inférieure.
b. L'Os maxillaire avec les Dents molaires.
c. La Foffe zigomatique.
d. L'Apophife zigomatique.
e. La portion fupérieure de la mâchoire inférieure fciée, où fe voit le diploé & la derniere dent mollaire.
L'Apophife coronoïde, que l'on diftingue aifément.
L'Apophife condiloïde, l'échancrure qui eft entre ces deux apophifes, & l'angle de la mâchoire fe voient auffi.
L'Oreille un peu tirée en arriere, où le lobe eft emporté.
L'Apophife ftyloïde entre la coupe de la mâchoire & l'oreille.
k. L'Apophife maftoïde.
l. Le Mufcle crotaphite en racourci avec fon tendon tiré en bas, & fon infertion à l'Apophife coronoïde.
1. Le Pterigoïdien externe.
2. Le Pterigoïdien interne.
m. Portion du Palais. n. La Langue. o. Portion du Digaftrique.

Mufcles de l'Os hyoïde.

3. Le Mylohyoïdien. 4. Le Geniohyoïdien.
5. L'Stylohyoïdien.
6. Le Sternohyoïdien.

7. Le Coftohyoïdien.

Mufcles de la langue

8. Le Genyogloffe. 9. Le Bafiogloffe; le Keratogloffe eft à côté. L'Stylogloffe fe voit ici entre l'Apophife ftiloïde & la bafe de la langue. p. L'Sternomaftoïdien.
q. L'Os hyoïde. r. Le centre du cartilage thyroïde.
s. Portion du cricoïde. t. La glande thyroïde. v. La trachée artère. x. Le Thyroïdien. z. L'Sternohyoïdien.

La Plevre à découvert.

a. Les Clavicules. b. Coupes du Sternum. c. Les fauffes Côtes. d. L'Artère mammaire interne. e. La Mammaire externe. f. L'entrelaffement de ces Artères qui forment le Sein.

Le Bas-Ventre.

g. Coupe de l'Oblique externe. h. Le Mufcle droit.
i. L'Oblique interne. k. Le Piramidal ou Triangulaire. l. Les Artères épigaftriques qui vont s'anaftomofer avec les Mammaires. A. La tête du Fœtus qui eft prête à déboucher, & qui appuie fur la fourchette.

FIGURE II.

La partie fupérieure de la femme en couche.

PLANCHE HUITIEME.

La Partie inférieure de la Femme en couche, & l'anatomie du Fœtus.

FIGURE I.

a. COUPE des Mufcles du bas-ventre & du Peritoine.
b. La Matrice ouverte après l'accouchement.
c. Le Placenta en fituation ; les Membranes déchirées, & le cordon forti du vagin par l'une de fes extrémités. d. Son attache fur l'Ombilic. e. La Veffie du fœtus avec les hypogaftriques qui vont au cordon.
a. La Veine ombilicale. f. Les Poumons. g. Le Cœur & le Thymus ; la Poitrine étant ouverte.
h. Le Bas-ventre ouvert; où l'on voit les reins, le foie, &c.
i. La Veffie de la mere, comprimée par la Matrice.

FIGURE II.

a. La Matrice détachée & ouverte poftérieurement par le vagin, après l'accouchement.
b. Les Ovaires. c. Les Trompes. d. Les Ligamens ronds.
e. Les Ligamens larges, ou Aîles de chauve-fouris.
f. Le Vagin ouvert par fa partie poftérieure & inférieure, où l'on voit toutes fes rigofités, & l'iffue de fes glandes.
g. L'entrée de l'Uterus, ou Mufle de veau.
h. Les Nymphes. i. Le Clitoris. k. Le Meat urinaire & les Lacunes. l. La Veffie & les Ureteres.

FIGURE III.

L'Angéologie du Fœtus.

A. Le Placenta détaché. a. Le Placenta vu poftérieurement.
b. L'Amnios. c. Le Chorion. d. Le Cordon. e. La Veine ombilicale qui fe plonge dans le finus de la veine porte.
f. Le Conduit veineux.
g. La Veine cave inférieure.
h. Le Cœur & l'Oreillette droite.
i. La Veine Cave fupérieure & les fouclavieres.
k. L'Aorte & fa croffe ou contour.
l. L'Artère pulmonaire.
m. La Veffie & les hypogaftriques qui vont joindre le cordon.
n. Les Iliaques. o. La petite verge qui tient à la veffie.
1. 2. 3. L'Oreillette droite ouverte.
1. Le haut de l'Oreillette. 2. L'iffue des veines coronaires.
3. Le Trou oval.

FIGURE IV.

Le Cœur & le Thymus.

a. Le Thymus.
b. L'Oreillette droite.
c. La veine cave inférieure.
d. Le conduit conduit veineux.
e. La veine porte.
f. La Veine ombilicale.

FIGURE V.

Le Cœur vu poftérieurement.

aa. Les Veines caves.
bc. Le Canal arteriel.
b. L'Aorte.
c. L'Artère pulmonaire.
d. Les Veines pulmonaires.

LES ARTERES DU BAS-VENTRE.

Les *artères reinales* ne font ordinairement qu'au nombre de deux; elles fortent latéralement de l'aorte defcendante inférieure, & vont fe porter dans les reins; l'une au côté gauche, & l'autre au côté droit, par une ligne droite & horifontale. *Palfin* (Anat. tom. 1, pag. 142.) obferve qu'elles font quelquefois doubles. Pour juftifier fon opinion & celle de *Riolan*, au fujet des artères & des veines émulgentes doubles, je montre ici deux veines & deux artères reinales du côté gauche, ainfi que je les ai trouvées dans le fujet qui a fervi à ma démonftration (*Planche I. fig. II.*)

Plufieurs branches des artères reinales du côté gauche s'entrelaffent avec la branche de la veine affociée, & forment enfemble des *arcades* dans la fubftance interne des reins, defquelles il fort de petits rameaux, qui vont vers leur circonférence, ou furface externe. Ces rameaux fe voyent ici fur le rein droit (*Planche I. fig. I.*)

L'artère reinale droite prend fon origine derriere la veine cave, & vers l'embouchure du côté gauche de la branche émulgente de cette veine. Celle du côté gauche s'affocie avec la veine émulgente du même côté; elle prend fon origine au-deffous de cette veine; mais elle vient la recouvrir à fon entrée dans les reins (*même Planche, fig. I.*)

Les artères capfulaires des deux côtés naiffent quelquefois de l'aorte defcendante même, & quelquefois des artères émulgentes. Dans cette figure *II*, elles prennent leur origine du côté droit de l'émulgente, & du côté gauche de l'aorte. M. Winflow obferve qu'elles naiffent quelquefois du tronc de la cœliaque. Ces artères fourniffent des rameaux adipeux, qui fe répandent à la graiffe des reins.

Les *artères fpermatiques* ont été décrites ci-deffus, en parlant des parties de la femme. L'on voit ici les artérioles qu'elles fourniffent à la membrane commune des reins; celles qu'elles fourniffent aux uretères, &c. Il faut examiner préfentement leur rapport avec les parties de l'homme.

Ces artères dans l'homme vont gagner les allongemens de la portion cellulaire du péritoine, par les ouvertures ou anneaux des deux mufcles du bas-ventre; elles s'entrelaffent, & paffent à travers les mailles des veines qui les accompagnent, & fe divifent à la fortie du bas-ventre en des rameaux très-fins, parallèles entr'eux, & plus au moins tortillés, enveloppés dans une gaîne formée de feuillets membraneux très-minces, qui font une continuation du tiffu cellulaire du peritoine. Le canal déférent dont nous parlerons eft renfermé dans la même gaîne. Ces artères vont enfin fe jetter fur l'épydidime & le tefticule, ce que nous expliquerons auffi (*voyez fig. II. Planche II.*)

a b. Le tronc de l'Aorte defcendante, ou inférieure.

a. Le Tronc de l'artère cœliaque.

c. Coupe de la Méfenterique fupérieure.

g. La Reinale du côté droit.

h. Celle du côté gauche.

i l. Les Artères capfulaires des deux côtés.

m n. Les Artères fpermatiques.

o. Coupe de la branche Méfenterique inférieure.

g. La bifurcation de l'Aorte, placée à gauche, & au devant de la Veine cave.

q q. La *Branche iliaque droite & gauche.*

On répéte ici l'explication que l'on a déja donné de cette feconde figure de la deuxiéme planche, pour rappeller la démonftration des artères du bas-ventre, dont il s'agit.

Ces deux branches s'écartent dans le baffin, chacune de leur côté, & vont fortir entre le ligament tendineux de *fallope* & le tendon du pfoas, fur l'union de l'os des ifles avec l'os pubis, où elles changent de nom, & prennent celui d'artères crurales.

Il faut obferver ici que les Anatomiftes ayant apperçu que dans le fœtus & dans les jeunes enfans la partie antérieure des iliaques (marquée S. r. du côté gauche & du côté droit,) eft beaucoup plus petite que la branche que cette artère pouffe dans le fond du baffin, que l'on appelle *hipogaftrique*, ou iliaque interne; & comme alors la partie externe de cette artère paroît plutôt une branche de l'hipogaftrique, que le tronc même de l'artère, ils l'appellent par cette raifon *iliaque externe.* Moyennant cette remarque, on entendra par l'iliaque externe la continuation extérieure de l'iliaque jufqu'à la fortie du baffin.

Ces artères jettent quelques artérioles dans leur naiffance, qui vont à l'os facrum, & dont quelques-unes entrent par les trous fupérieurs de cet os; elles fourniffent auffi dans cet endroit des artérioles au peritoine, aux tuniques des veines, aux artères & aux graiffes qu'elles rencontrent. Les iliaques, à environ quelques travers de doigt de leur origine, pouffent l'hipogaftrique; fa naiffance eft marquée ici. J'en ai donné une plus grande defcription dans les explications précédentes, en parlant des parties de la génération de l'homme & de la femme.

Le tronc de l'iliaque externe pouffe fur fon extrémité antérieure avant de changer de nom, & de fortir du baffin deux branches, favoir;

Les *artères épigaftriques internes.* Par le mot épigaftrique, il faut entendre les *artères du deffus du ventre*; car *épi* en grec, veut dire deffus, & *gaftri* le ventre.

79. (*fig. I. Planche I.*) L'Hipogaftrique de chaque côté.

22. (*fig. I. Planche III.*) Les épigaftriques internes.

7. (*fig. Planche VII.*) Les externes.

Il eft néceffaire de connoître ici ces artères; nous n'aurons peut-être pas occafion d'en parler davantage.

La branche interne des artères du deffus du ventre (ou épigaftrique, fi l'on veut,) fort antérieurement de l'extrémité de l'iliaque, & immédiatement avant le paffage du tronc de cette artère fous le ligament tendineux; elle remonte enfuite obliquement à travers l'aponevrofe du mufcle tranfverfe; elle fe continue vers la partie poftérieure du mufcle droit du bas-ventre, & gagne même par fes branches jufqu'à deux ou trois travers de doigt au-deffus de l'os pubis; elle monte le long de la face poftérieure & interne du mufcle droit, en fe ramifiant fur les aponevrofes des mufcles voifins, & à la fin fe perd en s'anaftomofant réellement par plufieurs petites ramifications avec la mammaire interne; elle communique auffi avec les artères intercoftales inférieures, qui fe répandent fur les mufcles du bas-ventre.

Il étoit impoffible de faire voir ici toutes les ramifications de cette artère; il fuffit d'en démontrer la coupe, puifque les mufcles dont nous parlons font enlevés. (Je prie ceux qui ne fe connoiffent pas en peinture de ne pas croire que ces branches font collées fur les parties qui leur paroiffent poftérieures.)

La branche externe des épigaftriques fort latéralement fur l'extrémité antérieure & externe de l'iliaque, à environ un demi-travers de doigt de diftance de la premiere branche; elle va à la lèvre interne de l'os des îles, où elle fe partage ordinairement, & fe ramifie fur le mufcle tranfverfe & l'oblique du bas-ventre, en joignant l'artère des Lombes.

L'iliaque externe, en paffant fous le ligament tendineux, outre ces deux branches, donne encore deux petits rameaux; l'un à la partie interne qui va gagner la gaîne des vaiffeaux fpermatiques, & quelquefois il en jette un autre petit du côté externe qui fe porte à l'os des îles.

V. (*Planche I. fig. VII.*) Branches de l'hipogaftrique.

T. (*id. fig. VII.*) Les Artères de ces branches qui forment l'ombilicale.

L'*artère ombilicale*, que l'on peut regarder comme la vraie continuation de l'artère *hipogaftrique.*

Cette artère de quel fens qu'on la confidere, eft une branche de l'hipogaftrique; elle remonte à côté de la veffie, fur laquelle elle jette des rameaux, & en donne aux parties du péritoine les plus voifines. Dans les adultes, elle eft petite, & fe termine à la partie moyenne de la veffie, quoiqu'elle laiffe plus haut des veftiges de fon premier état jufqu'à l'ombilic, où elle fe joint avec la veine ombilicale en forme de cordon. On a vu fon ufage en parlant du fœtus.

i i. l l. (*fig. II. Planche I.*) La veine cave inférieure.

m m. La Veine reinale droite.

n n. Celles du côté gauche.

o o. L'Spermatique gauche.

p p. La droite.

g g. h h. L'Artère & veines crurales dont nous avons parlé dans les précédentes tables.

22 & 23. (*fig. I. Planche III.*) Ces chiffres renferment la Coupe des branches externes & internes de la Veine & de l'artère crurale.

LA VEINE CAVE INFÉRIEURE. (Nous avons parlé de fon origine dans les tables précédentes.) Cette veine ayant percé le diaphragme, paffe par la partie poftérieure de la grande fciffure du foye , entre le lobe & le lobule de *Spigellius*. Dans ce trajet , elle donne ordinairement trois groffes branches , appellées veines *hépatiques* , c'eft-à-dire , d'*hepar*, le foie. Effectivement ces veines vont fe ramifier dans le foie. (En parlant du foie en particulier , dans un autre endroit , nous décrirons ces vaiffeaux.)

La *veine reinale droite* eft l'une des groffes branches de la veine cave , qui vont de chaque côté de cette veine fe porter aux reins ; celle-ci eft plus courte , & defcend un peu obliquement pour aller joindre le rein.

Les *veines reinales* du côté gauche font plus longues que la précédente ; & cela doit être ainfi , puifque le tronc de l'aorte defcendante eft entre le rein & le tronc de la veine cave qui les reçoit de ce côté , ce qui ne fe trouve pas du côté droit où le rein eft plus proche de la veine cave.

Les veines reinales du côté gauche fe trouvent placées immédiatement fous l'artère méfenterique fupérieure. Il n'eft cependant pas ordinaire qu'il y ait deux veines reinales d'un côté , & une de l'autre , ou deux de chaque côté ; affez fouvent , on n'en rencontre qu'une feule à droite , & une feule à gauche. Ces veines jettent en haut des veines capilaires , qui accompagnent les artères du même nom dont nous avons parlé , & en bas des veines adipeufes qui vont à l'enveloppe graiffeufe des reins. La veine reinale gauche fournit ordinairement la veine *fpermatique* du même côté , comme l'on voit dans cette figure.

Les deux reinales vont gagner l'échancrure des reins par plufieurs ramifications , qui fe diftribuent dans leur fubftance , ainfi qu'elles font dépeintes au côté droit.

Les *veines fpermatiques* accompagnent les artères dont nous venons de parler , & les fuivent dans leur divifion ; un peu après avoir croifé les uretères , elles produifent une branche confidérable , qui fe divife enfuite en deux rameaux , dont l'un va communiquer avec la veine capfulaire , ou furreinale , & l'autre communique affez fouvent avec les veines reinales ou émulgentes : elles communiquent enfuite avec la veine *méfaraïque* ; elles fe multiplient en approchant des anneaux , & s'anaftomofent entr'elles de diftance en diftance ; les rameaux de ces veines fe tortillent & s'entrelaffent les uns avec les autres , & avec les artères qui les accompagnent , enfermées dans la gaîne dont nous avons parlé ; ce qui les a fait appeller des Anciens vaiffeaux *panpiniformes*. Les veines & les artères fpermatiques font fi adhérentes entr'elles en certains endroits , que c'eft ce qui a fait croire que les veines s'anaftomofoient avec les artères , ce qui eft abfurde & contredit par les Anatomiftes les plus favans , entr'autres per M. Winflow.

DE LA GROSSESSE ET DE L'ACCOUCHEMENT.

L A conception & l'accouchement font les actes indifpenfables de la génération de tous les êtres animés. Ceux même qui génèrent feuls , comme font plufieurs infectes , conçoivent & accouchent. La génération animale eft confiée à tout ce qui eft organifé , mouvant & indépendant de l'action de la Terre : c'eft en quoi confifte la vie animale. Pour donner la vie , il faut être vivant , *nemo dat quod non habet*. La terre n'a jamais conçu des hommes , & les montagnes n'ont jamais enfanté de fouris. L'homme , les quadrupèdes , les oifeaux , les poiffons & les infectes font ces êtres animés qui conçoivent & qui accouchent ; les uns par la copulation , & les autres d'eux-mêmes.

Tout prouve un méchanifme univerfel , qui tient à une fource , à un commencement. L'éternité des accouchemens eft une chimere ; il a fallu de tout temps , pour mettre au monde , des hommes & des animaux , des mâles & des femelles. La copulation , le coït , la conception & l'accouchement font des actes néceffaires , non-feulement pour produire naturellement , mais encore pour forcer les êtres vivans à perpétuer leurs efpéces , fouvent malgré leur volonté. Le défir les attendrit & les force à fe joindre. Les femelles conçoivent avec plaifir , & la douleur les fait accoucher. L'amour les oblige à élever leurs progénitures , & fouvent à fe priver de leurs befoins. En un mot , le phyfique & le moral , tout concourt à accomplir l'ordre établi par l'Auteur de la nature.

Nous allons confidérer d'abord les vices de conformation qui peuvent s'oppofer à l'accouchement naturel ; nous differterons enfuite fur la groffeffe & fes maladies , fur la nourriture du fœtus , & enfin fur les divers accouchemens , & la maniere de délivrer les femmes dans l'enfantement.

Des vices de conformation dans les femmes , au fujet de la Groffeffe & des Accouchemens.

Les vices de conformation dans les femmes font effentiellement attachés à la forme & aux dimenfions du baffin. Le baffin foutient les inteftins & la matrice (*Voyez Planc. IV , fig. III* ,) & dans l'accouchement le fœtus appuie deffus , & cherche à franchir l'ouverture faite par l'affemblage de l'os facrum , des os des îles , & de l'os pubis ; & l'arcade inférieure formée par les os ifchion & l'os pubis. C'eft tout ce qui forme les plus grandes difficultés de l'accouchement.

Dans l'ordre naturel , le grand diametre du baffin doit avoir un cinquiéme de plus que le petit diametre : c'eft un vice quand cette proportion manque.

Lorfqu'il n'y a pas entre les crêtes des os des îles la diftance néceffaire , il n'en réfulte aucun accident pour l'accouchement ; mais vers la fin de la groffeffe , la matrice fe gonfle , les vifceres du bas-ventre ne trouvant plus à fe loger commodément , fe jettent en devant , la matrice fe dévie ; la femme a le ventre en pointe.

Dans l'ordre de la nature , l'axe de la matrice doit répondre à l'axe du petit baffin , c'eft-à-dire , que la ligne qu'on imagine paffer en travers par le centre de la matrice , doit être parallele à l'axe du petit baffin. Toutes les fois que cela n'arrive pas , on dit , *la matrice eft deviée*. On comprend facilement que la matrice ne trouvant point à fe loger , fe porte en devant , & que l'enfant , au lieu d'être pouffé vers l'orifice du petit baffin , l'eft vers le facrum. Ce vice , qui eft très-commun dans nos Villes , chez les femmes délicates , demande beaucoup d'attention de la part de l'Accoucheur , pour mettre la femme en pofition.

Lorfque la fymphife du pubis a plus d'étendue qu'elle ne doit avoir , elle diminue l'ouverture du petit baffin , quelquefois même le ferme en partie. On donne à ce défaut le nom de *barre* , parce que quand on veut toucher une femme , cet os fe préfente au doigt comme une barre. Ce vice a fouvent lieu dans les perfonnes les plus fortes.

L'épine du pubis eft viciée quelquefois , lorfque faifant peu de faillie en dehors , elle rentre en dedans. Ce vice eft rare. Quand il exifte , & que l'enfant prend une bonne route , il eft de peu de conféquence ; mais fi l'enfant s'arrête à cette faillie , l'accouchement eft difficile , & a des fuites facheufes.

Lorfque l'arc formé par les deux branches de l'ifchion n'eft pas affez grand , fon refferrement offre de grandes difficultés à la fortie de l'enfant , qui , à caufe de la petite efpace , ne peut y engager fa tête. Ce défaut eft auffi dangereux que l'excès de la longeur de la fymphife du pubis , qui eft fouvent caufe de ce retréciffement.

Les deux tubérofités de l'os ifchion font quelquefois mal difpofées & rapprochés en dedans. Lorfque ce défaut , qui eft très-rare , exifte feul , il n'eft d'aucune conféquence ; il caufe feulement quelque retardement à la fortie de l'enfant.

Les épines des os ifchion rentrent quelquefois en dedans. Ce vice ne s'oppofe pas à la fortie de l'enfant , car quelque rentrées qu'elles puiffent être , il y a toujours une ouverture affez confidérable , pour que la tête de l'enfant puiffe fe dégager.

Il y a quelquefois fi peu de diftance entre le pubis & le facrum , foit par l'alongement de la fymphife , ou du facrum , qu'il n'y a pas d'autre moyen de faire fortir l'enfant , que par l'opération céfarienne.

Le facrum peut être vicié de plufieurs façons , foit que

sa partie supérieure vienne trop en devant, vers la symphise, ou qu'il en soit trop écarté. Le premier défaut empêche que l'enfant ne puisse descendre dans le petit bassin.

Quelquefois le sacrum est excavé, au point que le petit diametre est plus long d'un cinquième, que celui de l'ouverture du petit bassin; & lorsque la tête de l'enfant a passé le premier détroit, elle se trouve aussi au large qu'elle étoit dans le grand bassin; & se gonflant dans cette grande cavité, l'enfant ne peut plus sortir par les voies ordinaires. Il arrive aussi quelquefois que le sacrum n'est point excavé du tout, ce qui est encore un autre défaut pour le passage de l'enfant.

L'enclavement est cet état, où la tête de l'enfant ayant passé le petit détroit, ne peut plus ni monter ni descendre. C'est à quoi expose le vice du trop grand refferrement des branches de l'ischion. Cette triste circonstance n'est pas aussi commune que bien des Accoucheurs le disent.

Signes diagnostics avec lesquels on peut reconnoître les défauts de conformation du bassin.

Quelquefois les Accoucheurs sont appellés pour examiner si une jeune personne est bien conformée, si elle est dans le cas de concevoir, & de mettre un enfant au monde heureusement. Je trouve cette cérémonie bien ridicule; elle est contre la pudeur & les régles naturelles. C'est alors s'assujettir à des jugemens très-souvent bien incertains; mais au cas que cela arrive, voici à-peu-près comme il faut s'y prendre.

Il faut faire tenir la jeune personne debout, & examiner ensuite si l'épine tombe d'aplomb sur le sacrum, parce qu'un des grands vices du bassin vient de la torsion plus ou moins grande de l'épine. On ne doit pas se contenter de toucher la partie lombaire, il faut examiner la partie thorachique. Il arrive souvent qu'une personne qui a cette partie torse, a une crête du bassin plus élevée que l'autre, ce que l'on connoît facilement par le toucher. Ce défaut ne préjudicie pas à l'accouchement.

Cet examen fait, on passe au toucher des épines antérieures & supérieures des os des îles; on considere, si elles sont à une distance convenable. La plus naturelle est de huit à dix pouces. Il n'est aucune personne grasse ou maigre qui ne présente les épines antérieures & supérieures, de maniere qu'on ne puisse les toucher. On examine ensuite si le grand bassin a la capacité qu'il doit avoir, & si le sacrum est bien placé. Il faut pour cela porter la main au-dessus des fesses, toucher le sacrum, pour savoir s'il est courbé en arriere, pour évaluer la grandeur du diametre du petit bassin. Il faut faire tourner la jeune personne de côté, porter la main au coccix, & l'autre sur l'épine de l'os pubis, & juger de leur distance.

Si on veut savoir s'il y a barre, il faut prendre toutes les précautions nécessaires pour ne pas déflorer la personne qu'on examine. Ainsi, il faut poter le pouce sur la crête de l'os pubis, & le doigt index à la partie supérieure de la vulve, ce qu'on peut faire aussi sur les personnes grasses. On juge par la distance qu'il y a entre les deux doigts, s'il y a barre. Lorsque ce défaut existe seul, il ne suffit pas, pour défendre le mariage, & pour empêcher que la femme ne fasse d'heureuses couches, à moins que la barre ne tombe trop bas, & diminue trop considérablement l'ouverture inférieure du petit bassin.

Il est facile de toucher les tubérosités de l'os ischion, & de savoir si elles sont à une distance convenable.

On peut faire les mêmes observations sur les femmes grosses, pour savoir si l'accouchement sera laborieux.

Après avoir examiné tous les défauts du bassin, & la maniere de les reconnoître, il est bon de parler des vices des parties molles, & de leur diagnostic.

Des vices des parties naturelles, & des signes auxquels on peut les reconnoître.

Nous n'avons point de signes pour connoître si un ligament est vicié. La dissection en a fait voir qui étoient tellement accourcis & rapetissés d'un côté, que l'angle supérieur de la matrice étoit ramené vers les anneaux du bas-ventre; de sorte qu'elle étoit de côté & en travers. On ne peut pas non plus connoître les vices des ligamens larges, des trompes de fallope, des ovaires; on les devine quelquefois par les marques extérieures: c'est tout ce qu'on peut faire.

A l'égard des parties extérieures il est facile de décider de leur défaut de conformation. On voit par exemple si les grandes lévres sont couvertes de cicatrices. Les cicatrices empêchent qu'elles ne puissent se distendre, & s'opposent par là au passage de la tête de l'enfant. On dit que les femmes qui ont ce défaut sont *bridées*.

Les brides sont quelquefois la suite d'un accouchement contre nature qui aura occasionné des escars gangreneux, avec mauvaise suppuration, & alors les cicatrices se seront mal fermées. Plus communément elles sont l'effet des chancres benins, ou malins, ou vénériens. Quelquefois une fille a des chancres à la vulve, elle conçoit cependant, mais les brides s'opposent alors à la sortie de l'enfant. L'orifice est quelquefois tellement bridé, qu'on peut à peine y introduire un stilet.

Il arrive de même qu'un chancre, un squirre au col de la matrice, n'empêchent pas une femme de concevoir, pourvu que le corps n'en soit pas offensé. On a toujours cru le contraire jusqu'ici, mais alors le col de la matrice se trouve raccourci & racorni, & ne souffre aucune dilatation. Le corps de l'enfant s'effile comme s'il passoit à la filiere, & sa tête s'allonge, & meurt par le tiraillement; de même comme il arrive aux enfans qui naissent lorsque le sacrum est vicié, comme nous venons d'observer, & qu'il est droit & applati, & approché du pubis.

La longueur excessive du clitoris, & des petites lévres ou nymphes, est aussi un défaut. L'allongement de ces lévres n'est pas toujours un obstacle à la génération, ni à la sortie de l'enfant. Car quelquefois, loin de s'opposer à l'accouchement, elles le favorisent beaucoup; elles nuisent cependant quand elles sont arrondies, fermes & dures, pour lors se déchirent. Ce qu'il faut prévoir par des huiles & des vapeurs émolientes.

Si les lévres sont molles, leur longueur, bien loin de nuire, aident à la sortie de l'enfant, car comme elles sont destinées à s'étendre & se développer, il est clair que plus elles seront étendues, moins on doit craindre que ces parties se déchirent.

Il arrive quelquefois que les petites lévres sont attaquées de tumeurs cancereuses, il faut les traiter & les guérir. Quelques accoucheurs disent qu'il faut pour lors les enlever, si ce vice existe dans le temps de la grossesse. On fait cette opération dans le huitiéme mois. On risque autrement d'exposer la personne enceinte dans des douleurs inouies dans l'accouchement. Quoique cette maladie soit pour l'ordinaire la suite d'un mauvais commerce, on voit cependant quelquefois des personnes très-sages qui en sont attaquées.

Si les grandes lévres sont absolument trop grandes, qu'elles descendent entre les cuisses, il faut les faire rentrer par des astringens, ce qui m'a réussi quelquefois, & selon quelques Auteurs, il faut les couper; mais, disent-ils, il ne faut pas les enlever entierement. Le reméde seroit pire que le mal; il ne faut ôter que l'excédent. Je crois cet opération inutile.

La membrane de l'hymen mérite aussi l'attention du Médecin: elle peut être viciée comme les autres parties. On ne lui connoît cependant point d'autre défaut que celui d'être quelquefois trop épaisse. Il y a des filles imperforées qui ont quelquefois la membrane de l'hymen si épaisse & tellement close, qu'il faut alors avoir recours aux ciseaux, ou bistouri.

Ce sont ici tous les vices à-peu-près des parties molles de la génération, qui environnent le bassin. Les vices de la matrice sont si rares, qu'il est inutile de s'y arrêter.

Des signes de la Virginité.

Les Médecins, les Accoucheurs & les Sage-Femmes, sont quelquefois appellés en Justice pour savoir si une fille a été déflorée, si elle est grosse. Dans ce cas, il ne faut point porter son jugement avec légereté, parce que les suites sont de la derniere conséquence. Il faut pour cela être instruit des principes pour ne point former des faux rapports. On doit donc savoir qu'il y a deux sortes de virginité, une morale & une physique. La virginité morale eſt ce que j'appelle la virginité abſolue ; c'eſt-à-dire celle où les hommes n'ont jamais approché. La virginité phyſique eſt la virginité apparente. Elle conſiſte en ce que dans les parties naturelles il n'y ſoit rien entré qui ait été capable de cauſer des déchirures, ce qui arrive par la conjonction ou par l'attouchement.

La virginité s'annonce par l'exiſtence de l'hymen, l'abſence des caroncules mirtiformes, l'intégrité de la fourchette, & le peu d'étendue de l'orifice externe du vagin. Lorſque ces parties ſe trouvent meurtries, contuſes, pleines de ſang, on croit alors que la virginité manque, & d'après ces principes on juge du ſort des accuſés, quelquefois contre la vérité.

Voilà en général quels ſont les ſignes de la virginité. Examinons-les en détail.

Si une fille n'a point, ou peu de fourchette, qu'en peut-on conclure ? Elle a l'intérieur des lévres pâle, ou d'un rouge foncé ; qu'en conclure encore ? Toutes ces choſes ſe rencontrent ſouvent chez les brunes foncées les plus ſages. Elles ont même quelquefois des marques ſemblables à celles qu'auroient formées des contuſions. Juſqu'à préſent ces ſignes ne ſuffiſent pas pour décider de la virginité abſolue. Ceux dont nous allons parler ne ſont pas plus certains. Le clitoris peut être un peu plus gros qu'à l'ordinaire, l'hymen peut être rompu. Il s'agira de conſtater de quelle maniere il aura été déchiré. Il eſt cependant certain que de telle façon qu'il ait été rompu, une fille perd le droit qu'elle peut prétendre à la virginité phyſique, & ne peut ſe replier que ſur la virginité morale. Elle laiſſe ſur ſon état un doute, qui peut contenter les uns & décider les autres contre la pureté qu'on doit ſuppoſer à une fille, en lui conſervant le caractere de vierge abſolue.

On peut dire qu'il y a des filles, qui dans le temps de leurs régles, ont des humeurs ſi âcres, qu'elles rongent entierement la membrane de l'hymen. Ce ſont des raiſons palliatives & bonnes à dire dans l'occaſion. Il arrive quelquefois que l'hymen a la forme d'un demi-cercle ou d'un croiſſant ; mais il doit toujours exiſter dans la virginité. Je l'ai trouvé dans une fille de ſoixante ans que j'ai diſſéquée à l'Hôtel-Dieu : mais cela ne dit pas que dans les jeunes filles ce caractere ſe ſoit effacé par l'approche d'un homme, il peut ſe perdre de toute autre façon. Il faut donc dire que puiſque cette membrane eſt ſujette à tous ces diverſes accidens, & qu'il n'y a que celui de la copulation qui ſoit l'objet des recherches de la Juſtice & des hommes intéreſſés à ces recherches ; qu'il ſeroit imprudent de décider ſur ces ſignes de l'abſence ou de l'exiſtence de la virginité morale & abſolue.

De la Groſſeſſe.

On appelle du nom de groſſeſſe l'état dans lequel la matrice renferme un ou pluſieurs enfans. Il y a de deux ſortes de groſſeſſe. La bonne groſſeſſe eſt celle où le fœtus eſt bien conformé, & qui ſe termine vers les neuf mois, quelques jours avant ou après, quelquefois elle ſe prolonge ou s'abrége. Mais c'eſt-là le temps ordinaire.

La mauvaiſe groſſeſſe eſt celle d'un enfant mal ſitué, mal nourri & mal conformé, qui va rarement au terme. Elle finit vers ſix ſemaines ou trois mois. Il y en a qu'on peut appeller mauvaiſe groſſeſſe, & qui ſe prolongent ; mais ces cas ſont rares. Dans la bonne groſſeſſe, voici comme elle ſe forme & comme elle ſe continue.

Dans le temps de la conception, la femme reſſent une volupté extraordinaire qui finit par un engourdiſſement. L'homme participe un peu de cet engourdiſſement, après le coït, & dans le moment de la conception, par contrecoup. Pour concevoir, il faut que la femme ait toutes les conditions requiſes. Il faut qu'elle ſoit, *omnibus abſolutum numeris*.

Après la conception il arrive que la femme a dès le même jour ou le lendemain mal au cœur, des nauſées qui durent environ trois mois. Le ſein ſe gonfle, la phyſionomie s'altere.

Dans les premiers temps les femmes perdent l'appétit, elles ont un goût dépravé ; elles voudroient manger de mauvais alimens qu'elles déteſtent dans un autre état. Vers le milieu de la groſſeſſe le ventre commence à s'arrondir, le nombril pouſſe en dehors, alors le vomiſſement ceſſe, la femme recouvre l'appétit ; le ſein devient plus gonflé, plus brûlant, l'aréole devient plus brune, les glandes ſe-

bacées s'élevent, le corps du téton devient comme inégal & noueux.

Vers les derniers temps de la groſſeſſe la femme marche difficilement, reſpire avec peine, a les jambes engourdies, enflées ; les parties naturelles ſont auſſi quelquefois enflées ; elle a l'eſtomac bon, mange beaucoup : mais le dernier mois elle éprouve des peſanteurs ſur le ſiége, urine difficilement, quelquefois point du tout : elle a peine à aller à la garde-robe, d'autre fois il lui arrive un bénéfice de ventre. Au bout de ſept à huit mois & demi ou neuf mois ordinairement, l'accouchement arrive. Il s'annonce par des douleurs qui naiſſent aux reins, au nombril. Ces douleurs ſont appellées *mouches*. Les matieres glaireuſes deviennent plus abondantes, elles ſe teignent de ſang. Si on porte le doigt, on trouve que l'orifice s'étend. On dit alors que *les eaux ſe forment* ; les membranes qui les contiennent ſe déchirent ; les eaux s'écoulent, & dans l'ordre naturel la tête de l'enfant prend la place des eaux, preſſe dans le petit baſſin la face en arriere, & gliſſe en cet état. Voilà tout ce que l'on peut remarquer extérieurement.

Examinons maintenant les parties intérieures. Dans les premiers temps de la groſſeſſe le muſeau de la matrice s'allonge, enſorte que la baſe ſe trouve du côté du pubis, le fond ſur le rectum. A meſure que la matrice s'éleve, l'oſtenſe s'amincit, le fond qui s'appuyoit en arriere ſe jette en devant. La poſition de la matrice ſur la fin de la groſſeſſe eſt le contraire de celle des premiers temps.

Quand on examine une femme vers la fin de la groſſeſſe, comme alors l'orifice de la matrice, qui au commencement étoit au devant, ſe trouve en arriere, il faut procéder d'une maniere bien différente.

Le col de la matrice diminue & s'amincit dans la proportion que la matrice ſe développe. Pluſieurs Auteurs ont cru que ce développement ſe faiſoit par le fond, parce que les ligamens longs & les ligamens larges ſemblent ſortir du corps de la matrice, & ne ſe dégagent que vers le col, ce qui prouve au contraire que quand la matrice ſe développe, ce n'eſt point par le fond, mais par le bas. (*Obſervation de M. Petit*).

L'intérieur de la matrice s'amincit à meſure qu'elle ſe diſtend, elle paroît cependant un peu plus épaiſſe vers l'attache du placenta.

On voit dans les premiers temps de la groſſeſſe le fœtus nageant au milieu des eaux, ayant un énorme placenta avec un très-petit corps. Tout eſt en végétation vaſculaire. Les vaiſſeaux s'éclairciſſent, une coque ſe forme, dans laquelle on apperçoit l'enfant, & ſon petit cordon qui ſort du nombril attaché au placenta. Si une femme accouche au bout de trois mois, & que l'enfant ſorte le premier, on aura beaucoup de peine à la délivrer du placenta. C'eſt le contraire au bout de huit mois, parce que le placenta & l'enfant ne croiſſent pas dans la même proportion. A trois mois le placenta eſt plus conſidérable que l'enfant, à huit mois il a plus de volume que le placenta ; de ſorte qu'il eſt plus facile de tirer le placenta quand l'enfant eſt ſorti dans le huitiéme mois, & au contraire le troiſiéme, où l'enfant vient plus aiſément, quand le placenta ſort le premier.

Dans les premiers temps de la groſſeſſe, le fœtus n'a pas de ſituation conſtante. Le plus ordinairement il eſt debout, la face en devant. Dans les derniers temps il a la tête en devant un peu penchée, les genoux pliés, les talons vers les feſſes, ou les cuiſſes & les jambes relevées, comme nous avons repréſenté, les bras pliés vers la poitrine & vers le viſage. C'eſt la ſituation conſtante. Quelquefois cependant, mais rarement, il eſt différemment poſé.

De quelle maniere on peut reconnoître qu'une Femme a conçu.

Il y a pluſieurs cas où il eſt abſolument néceſſaire de ſavoir ſi une femme eſt groſſe. Eſt-elle priſe d'une maladie grave, l'émétique & les remédes actifs ſont interdits. Une femme a mérité la mort, preſque toutes, dans ces triſtes conjectures, ſe diſent groſſes. Il faut ſavoir la vérité, afin que le Juge ne faſſe pas périr avec la mere criminelle l'innocent qu'elle porte dans ſon ſein. Il y a encore pluſieurs autres circonſtances où cet examen eſt encore néceſſaire.

On

On diſtingue deux ſortes de ſignes pour connoître la groſſeſſe, les rationels & les ſenſibles.

Les rationels ſe déduiſent de la maniere d'être de la femme, & de faire ſes fonctions. Les ſenſibles ſe déduiſent du toucher.

Premier ſigne rationel. On obſerve dans les femmes nouvellement groſſes un appétit dévorant, ou un dégoût, des nauſées, des vomiſſemens. Ce ſigne eſt très-équivoque; car les filles qui ont les pâles couleurs ont auſſi des nauſées, & le même défaut dans le manger.

Second ſigne rationel. On obſerve le gonflement du ſein, le dérangement des régles, mais le ſquirre produit les mêmes effets.

Troiſiéme ſigne rationel. Ce ſigne ſe tire de la ſuppreſſion totale des régles; il eſt moins équivoque que les autres; mais il peut cependant induire à erreur. Il y a des femmes qui ont leurs régles tout le temps de leur groſſeſſe comme auparavant, & d'autres qui ne les ont préciſément que dans ce temps-là. Ce cas eſt rare. Cependant les femmes qui n'ont point leurs régles ne deviennent point meres; mais on a vu quelquefois le contraire. La ſuppreſſion totale eſt quelquefois accidentelle, ſans qu'il y ait groſſeſſe, de ſorte que ce ſigne eſt auſſi incertain.

On regarde encore comme ſigne rationel une certaine altération au viſage, une groſſeur au col. Ces ſignes ſont également faux, & ne peuvent donner que des ſoupçons. On peut donc conclure que les ſignes rationels ſeuls ne ſuffiſent pas pour juger ſi une femme eſt groſſe.

Les ſignes ſenſibles, ou *le toucher,* ne peut pas avoir lieu dans les trois premiers mois de la groſſeſſe, les femmes n'ont pas l'orifice de la matrice autrement diſpoſé. On ne peut d'ailleurs rien conclure pour la groſſeſſe que l'orifice ſoit béant ou reſſerré. Hippocrate s'eſt trompé, & pluſieurs autres après lui, en prétendant qu'on tiroit un ſigne certain du reſſerrement de l'orifice pour aſſurer la groſſeſſe: des femmes voluptueuſes ne peuvent être touchées, ſans que l'orifice de la matrice ſe reſſerre. Celles qui ont les fleurs blanches l'ont béant & très-ouvert.

Au troiſiéme mois, on a un ſigne plus certain en touchant l'orifice de la matrice avec l'index de la main droite, portant en même temps la gauche au-deſſus du pubis, il arrive que la matrice vient toucher l'index. Si vous ſentez alors un corps arrondi, ſoyez certain que la femme eſt groſſe, parce qu'il n'y a que la groſſeſſe qui puiſſe donner une tumeur arrondie au-deſſus du pubis. Si c'étoit un ſquirre, on ſentiroit diverſes inégalités. Il n'y a que la matrice qui puiſſe venir choquer le doigt qui eſt alors dans le vagin, & toucher la main gauche lorſqu'on le repouſſe.

Il eſt très-difficile de confondre l'hydropiſie avec la groſſeſſe, les ſignes ſont entierement différens. Pendant l'hydropiſie la matrice eſt flaſque, ſerrée, diſtendue; elle vient ſourdement, donne une pâle couleur ſur le viſage. La groſſeſſe au contraire ſouvent embellit le viſage des femmes.

Si l'on craint que ce ſigne ſoit équivoque, on peut encore attendre quelque temps, & on ne tardera pas à en avoir d'autres plus certains. Quelque temps après la conception, l'enfant ſe meut dans le ſein de la mere, lorſque la circulation du ſang eſt totale; mais ſes mouvemens ne ſont pas ſenſibles, parce qu'il nage dans une quantité d'eau, très-conſidérable par rapport à la petiteſſe de ſon corps. A trois mois & demi, ou quatre mois, l'enfant prend un corps plus conſidérable, les eaux diminuent à proportion, alors les mouvemens ſe font ſentir. Les femmes diſent qu'elles ſentent comme des fourmis qui grouillent, & grimpent dans leur ſein, & d'autres croyent entendre des battemens & des bruits, comme ceux que font les araignées avec leurs pattes lorſqu'elles font leurs toiles, & d'autres mouvemens; d'où l'on peut conclure que les ſignes ſenſibles ſont les ſeuls d'après leſquels on puiſſe porter un jugement certain.

De la maniere dont la Femme nourrit ſon fruit, & de la circulation du ſang dans le fœtus.

Nous avons obſervé que dans le moment de la conception l'utérus ſe ferme & embraſſe la ſemence qui contient l'embrion. C'eſt alors l'amande, ou le pépin, dont le germe tout formé eſt l'animal & ſon cordon, ainſi que dans les graines, où ſe trouvent la plante & ſes racines, qui ſe développent inſenſiblement par l'action de la terre, comme j'ai dit dans mon Syſtéme ſur l'Electricité continuelle de notre globe (en 1763). L'amande ſert de premiere nourriture au germe, & la glaire qui entoure l'embrion dans la ſemence de l'homme l'humecte & l'entretient juſqu'au moment que la circulation ſoit établie.

La racine du germe avec ſa barbe ſe prolonge & s'attache à la terre, & le cordon de l'embrion, avec ſon tomentum, s'étend & s'attache au fond de l'utérus, & s'abouche avec les artérioles, les veinules, ou les capillaires inſenſibles de la mere. On connoît ces artérioles & ces veinules du fond de l'utérus, & leurs épanchemens dans le temps des menſtrues. C'eſt dans cette poſition qu'il ſe forme avec le tomentum du cordon & les capillaires de la mere, un plexus vaſculaire qui devient le placenta.

Pour ne laiſſer rien à déſirer ſur ce méchaniſme, il faut néceſſairement ſuppoſer que quantité de filets des artéres du cordon qui forment une partie du tomentum, s'abouchent avec des veines & des artéres, ainſi que ceux des veines, mais les ſeules veines du fœtus peuvent recevoir l'impulſion des artéres de la mere, la ſtructure des veines étant ſeule propre à porter le ſang dans le cœur, & celle des artéres à le rapporter.

Les capillaires des veines de la mere, non plus que les veines, n'ont aucune action, & ſont incapables de porter la vie dans le fœtus; les artéres au contraire portent leur action juſques dans les plus fines de leurs diviſions, & charient le ſang le plus pur de la mere. Cette action ſe porte juſques dans les glandes, qui ne laiſſent paſſer que les parties convenables de la maſſe du ſang; de ſorte que par la même raiſon, le ſang des capillaires artériels du fond de l'utérus ſur leſquelles ſont abouchés les filets du cordon qui partent de la veine ombilicale, ſont les ſeuls capables de laiſſer continuer ſon impulſion. Ces filets ne laiſſent d'abord paſſer que ſa partie lymphatique du ſang, qui ſuffit alors à l'embrion; & à force de mouvemens, agrandiſſent ces filets, & en forment des veines qui portent le ſang en ſon entier. L'embrion plus fort eſt dans cet état plus capable de recevoir la vie, de croître, &c.

Le ſang porté, & circulant dans l'embrion, comme l'on ſait, retourne par les artéres, dont les hypogaſtriques vont ſe plonger dans le cordon, s'ouvrent inſenſiblement le paſſage, & ſe déchargent dans le placenta, qui croît & s'agrandit, & peut encore, dans un excès & ſurabondance de ſang, refluer par les veines de la mere, par l'abouchement dont nous venons de parler des filets des artéres, qui s'adaptent de la même façon, avec les veines de la mere à travers le placenta.

C'eſt ce reflux qui cauſe les incommodités de la mere dans la groſſeſſe, & les maux de cœur & ſouvent les pertes. Avec ce méchaniſme, que pluſieurs Auteurs ont mal expliqué, on donne raiſon des divers accidens qui arrivent dans la conception, dans le cours de la groſſeſſe, & dans l'accouchement.

La circulation particuliere du fœtus eſt remarquable, parce qu'il ne fait aucun uſage de ſes poumons, ni des ventricules du cœur; par conſéquent, il eſt diſpenſé de reſpirer & de mouvoir. Le cerveau de l'embrion eſt le ſeul viſcere en action, qui ſoit propre au fœtus; ſon mouvement de pulſion eſt indépendant de la mere: c'eſt ce viſcere qui donne des mouvemens au fœtus en certains momens, qui le fait changer d'attitude & de place, & qui lui donne les convulſions auxquelles il eſt ſujet. Si les ventricules du cœur reçoivent auſſi quelque mouvement, ils le tiennent de ce viſcere, par le méchaniſme des nerfs, comme dans l'adulte, & la queſtion de ſavoir qui vit le premier dans l'embrion, eſt par-là bientôt décidée. Le cœur ne tient ſes mouvemens que de l'action des nerfs, & les nerfs dérivent du cerveau. Le principe de l'action des nerfs eſt la vie, & la vie n'eſt point dans les nerfs, ni dans le fluide qui les pénétre, mais dans le principe qui les fait agir. Ce principe n'eſt plus l'action de la circulation du fœtus, dépendante de celle de la mere, puiſque le fluide nerveux ne tient plus au mouvement du ſang, & qu'il en eſt ſéparé par le cerveau; il faut donc qu'il ait une ame & un principe actif dans l'embrion, lorſqu'il commence à ſe mouvoir lui-même; ce qui n'eſt pas dans les premiers temps, mais lorſque la groſſeſſe eſt un peu avancée, & que le ſang circule en entier dans le fœtus.

G

Dans le fœtus, la route du sang est totalement opposée à celle de l'adulte. Dans celui-ci, le sang veinal vient au cœur, chargé de toute sorte d'imperfections, par le dépouillement qu'il a souffert dans sa route, au moyen des glandes & des viscères ; il a besoin d'entrer dans les poumons, pour y recevoir de nouvelles parties d'air & de feu, qui changent sa couleur livide en écarlate le plus pur ; il retourne au cœur dans un nouvel état de perfection, & alors il est impulsé de nouveau dans les artères, pour continuer les fonctions animales. Au contraire, dans le fœtus, le sang artériel de la mere purifié par ses propres poumons arrive au cœur du fœtus par les veines, sans besoin d'être de nouveau purifié par ses poumons. La respiration de la mere est celle de l'enfant, & voici de quelle façon le sang circule en lui.

Après que le sang de la veine ombilicale est arrivé dans le sinus de la veine porte, comme on a déja dit ailleurs, ce fluide passe du sinus, au moyen du conduit veineux, dans la veine cave inférieure, sous le diaphragme, pour se dégorger dans l'oreillette droite du cœur, & passer par le trou oval. Une portion de ce sang, en arrivant dans le sinus de la veine porte, ainsi que je viens de dire, suit les branches de cette veine, pour entrer dans le foie, au moyen de leurs ramifications. Il y a des Auteurs qui prétendent que dans le foie ce sang dépose une certaine bile, laquelle forme le meconium des intestins du fœtus, en s'écoulant par les conduits cholidoques, ce qui doit être ainsi ; le résidu de ce sang dans le foie gagne les artères hépatiques, qui vont se dégorger dans l'aorte inférieure, pour retourner dans le placenta, & une autre portion du même sang suit les anastomoses des ramifications des veines hépatiques, pour entrer aussi dans la veine cave inférieure, comme celui du conduit veineux, avec lequel il se mêle, pour gagner le trou oval. Les autres branches extérieures du sinus de la veine porte, qui vont aux intestins, à la rate & au pancréas, &c. portent la nourriture de tous ces viscères, & le résidu de cette portion de sang se jette dans l'aorte par leurs artères ; & comme la veine cave inférieure audessous de l'embouchure du conduit veineux, n'a aucune valvule, ni soupape qui retienne le sang impulsé de la mere ; il gagne par-là les parties inférieures du corps qui ont leurs artères qui vont se joindre à l'aorte inférieure, aux illiaques, & enfin aux hypogastriques, pour laisser couler le résidu dans le placenta, au moyen des artères ombilicales.

A la sortie du trou oval, il y a une grande valvule, qui est fixée du côté des poulmons, qui sert pour empêcher le sang de revenir vers sa source, & pour le conduire dans le tronc des veines pulmonaires, d'où il passe dans les poumons, & revient par les branches de l'artère pulmonaire dans le tronc de cette artère, où est le canal arteriel qui se jette au bas de la crosse de l'aorte dans sa portion descendante ; & la partie du sang qui entre dans le ventricule droit, avant de passer par le trou oval, est poussée dans le même tronc pour gagner le même canal artériel, & les veines coronaires qui s'abouchent dans l'oreillette droite, vont aussi se dégorger dans les artères coronaires qui gagnent aussi le tronc de l'aorte ; de même d'un autre part le sang qui passe du trou oval dans l'oreillette gauche, pour gagner, comme nous avons dit, les veines pulmonaires, gagne aussi le ventricule gauche, d'où il est pulsé dans l'aorte.

Cette circulation du sang jusqu'ici ne regarde que le cœur, le bas ventre du fœtus & ses extrémités inférieures. La circulation de la tête & des extrémités supérieures & de la poitrine, se fait ainsi. Le sang poussé dans l'oreillette droite, par la veine cave inférieure, gagne, comme nous avons dit, le trou oval, le ventricule droit, & les veines coronaires ; mais il se porte aussi dans la veine cave supérieure, pour se distribuer à la veine azigos, aux thimiques, aux mediastines, pericardines, &c. aux sousclavieres & aux jugulaires. La veine azigos qui part du tronc de la veine cave supérieure, se répand sur la poitrine & aux muscles intercostaux, avec les veines du bas-ventre. Les jugulaires portent le sang à la tête, pour toutes les fonctions nécessaires de cette partie ; & celui des sousclavieres, pour les bras & tout l'intérieur & l'extérieur de la poitrine, jointes aux thimiques, &c. dont nous venons de parler ; toute laquelle masse de sang délaisse son résidu dans les carotides & dans les artères sousclavieres & les intercostales, pour être portée dans l'aorte, &c.

C'est là le détail de toute la circulation du sang dans le fœtus, si opposée à celle de l'adulte, comme nous avons dit, elle est nécessaire dans un cœur comme celui du fœtus, sans action, & dont le mouvement du sang qui le pénétre dépend de la mere. Ici, le sang arrivant naturellement dans les ventricules par les oreillettes, comme à l'ordinaire dans les adultes, n'est point arrêté, & les valvules ne s'y opposent point ; il sort également des ventricules, pour entrer dans les troncs de l'artère pulmonaire & de l'aorte, & les valvules cédent également, parce qu'il n'y a aucun retour de part ni d'autre ; mais le sang cessant d'être porté par l'impulsion de la mere, & le cœur se mettant alors en contraction, applique la valvule sur le trou oval & la bouche. Les valvules qui sont entre les oreillettes & les ventricules s'appliquent aussi, & empêchent le sang dans ce mouvement d'entrer dans les ventricules, pendant qu'il sort toujours par le trou des artères ci-dessus ; mais le cœur cessant sa contraction, il se relâche ; alors les valvules des oreillettes s'ouvrent, & le sang des veines remplit de nouveau le cœur du fœtus, ce qui établit dans le nouveau né les mouvemens de diastole & de sistole dans le cœur, qui durent jusqu'à la fin de sa vie. La valvule du trou oval, qui dans cet état de nouvelle circulation, est attaquée de deux côtés, par le sang des veines, reste adaptée, & se fixe pour toujours.

Ce méchanisme nous prouve la main admirable d'un Créateur. Quelle belle simplicité ! & quelle infinie prévoyance pour former, croître & faire vivre des créatures passives, & les préserver de tous les accidens que le hasard feroit naître.

Il y a des Accoucheurs qui croyent que les enfans dans le ventre de leur mere se nourrissent par la bouche, par le nez & par les pores absorbans de leur peau, de l'eau dans laquelle ils sont plongés, & disent que le méconium que l'on trouve dans les intestins des enfans nouveau nés & la grandeur de leur estomac, prouve que ce viscere est accoutumé à travailler, & que sans cela on le trouveroit vuide comme la vessie, & ajoutent que les enfans digerent les eaux qui passent dans l'estomac, comme nous digerons nos bouillons. Si on met cette liqueur au feu, on la convertit en gelée, disent-ils, encore.

Il se peut que les eaux entrent dans l'estomac par la bouche & par le nez du fœtus, en passant par l'œsophage ; que ces eaux se joignent à la bile qui doit se former dans le foie, & couler dans les intestins, pour former le méconium ; mais cet excrément n'auroit jamais la couleur & la qualité du meconium, sans la bile dont je viens de parler. Il manquoit cette réflexion aux Accoucheurs dont je fais mention. A l'égard des pores absorbans qui servent aussi à former le méconium ; je ne comprends rien à cette idée.

Des maladies du Fœtus.

Il est certain que les enfans peuvent être malades dans le sein de leur mere ; ils y meurent même ; mais connoît-on bien les espèces de maladies auxquelles ils sont sujets ? On sait qu'ils éprouvent celles *à serosa colluvie* ; l'hydrocephalie le prouve. Je ne crois pas qu'ils soient sujets aux inflammations ; ils sont toujours dans l'eau ; d'ailleurs, leur crue est très-rapide, ce qui employe les sucs, & qui prouve la mollesse de leur fibres. Cependant, les acrimonies de la mere passent dans l'enfant, comme dans l'scorbut, la vérole, &c. Dans la petite vérole, la mere la communique à son fruit, & elle accouche presque toujours dans cette maladie. Les convulsions des meres passent aux enfans, les épilepsies occasionnent aux enfans des convulsions qui les font périr dans les dix premiers mois de naissance.

Les femmes se plaignent quelquefois de ce que leurs enfans se remuent singulierement ; ils les font même crier, ce qui peut faire croire que les enfans sont sujets à des convulsions. En traitant la mere, on traite le fœtus dans quelque maladie que ce soit. On a vu des femmes grosses de six mois avoir la petite vérole, étant guéries, accoucher à huit mois d'un enfant guéri & taché de la petite vérole. Il n'y a aucun moyen de diagnostic pour l'enfant ; & quand même nous en aurions, cela ne serviroit de rien, puisqu'on traite toujours la mere.

Cependant, par rapport aux convulsions, il faut bien distinguer l'espèce de ce mouvement. S'il se fait d'une maniere reglée, sur-tout la nuit, ils peuvent être naturels ; on cherche cependant à les calmer par quelque petite faignée, émulfions, &c. Mais quand il y a des fecouffes irrégulieres avec une forte de tremblement qui fatigue & donne aux meres de la crainte, & quelquefois les fait foufrir & maigrir, on a vu la mort du fœtus précédée d'un tel mouvement, que la mere en eft tombée en fincope ; on a vu même des fœtus rompre & déchirer la matrice, & fe répandre dans le bas-ventre, ce qui n'eft pas fi rare que l'on penfe. Les femmes en ce cas meurent en très-peu de temps. Ces mouvemens convulfifs du fœtus paroiffent d'abord peu de chofe ; mais ils deviennent de conféquence : il faut un peu d'habitude pour les reconnoitre & les prévenir, s'il eft poffible.

Des Membranes qui embraffent le Fœtus.

Le fœtus & le placenta font enveloppés de membranes qui fervent à contenir les eaux, le *chorion* eft la membrane pulpeufe extérieure, qui fe répand fur le placenta, & par laquelle il eft attaché à la furface interne de la matrice. Si on examine la matrice, on voit dans fa partie interne des porofités fans nombre ; mais on n'y apperçoit aucune éminence ni excavation, comme quelques-uns l'ont cru. C'eft donc une erreur de croire que le placenta tient à la matrice par engrenure. Il eft vrai que la face interne de la matrice au bout de cinq à fix mois eft exafperée, inégale. Ces inégalités font formées par les *lacertuli* de la membrane charnue ; la veffie intérieurement eft l'image de ce que préfente la matrice d'une femme groffe de quatre à cinq mois.

On a voulu dire de-là que la face interne de la matrice, & l'externe du placenta étoient *chamgrenées*, chargées de petits boutons, auxquels on a donné le nom de tubercules, par lefquels fe faifoient l'adhérence. C'eft une erreur. La furface interne de la matrice eft unie, comme on a déja dit, ainfi que l'externe du placenta ; mais le tomentum qui eft à la fuperficie du placenta, accomode fes radicules avec les pores de la matrice, ce que nous avons déja dit plufieurs fois, à-peu-près comme les racines d'une plante s'inferrent dans la terre ; & comme la fangfue tire le fang des parties fur lefquelles elle eft appliquée.

L'*amnios*, qui eft la membrane interne, n'enveloppe que le fœtus. Cette membrane intérieure eft plus fine & plus tranfparente. On peut avoir recours aux planches, pour en connoitre la figure & la fituation.

Sur les différens effets de la Groffeffe.

Pendant tout le temps où l'enfant fait peu de confommation, où le placenta attire peu, les régles doivent s'accumuler, les femmes deviennent plethoriques ; quelquefois elles font foulagées par des faignemens de nez, qu'il fe faut bien donner de garde d'arrêter. Ce n'eft donc point un mal, fi on voit arriver les régles quelquefois ; car dans les premiers mois, le fang eft plus abondant.

La nature eft admirable en tout ce qu'elle opere ; rien n'eft inutile ; les dégoûts & les vomiffemens au commencement de la groffeffe font avantageux. Par le moyen de ces dégoûts, elles mangent peu, & diminuent les effets de la plethore, qui feroit capable, par l'abondance du fang, de détacher le placenta, & de caufer d'autres accidens à la mere. Lorfque la confommation du fœtus eft plus grande, l'appétit renaît, & on voit alors des femmes qui mangent beaucoup plus qu'avant leur groffeffe.

Vers le milieu de la groffeffe, l'enfant confume à-peu-près ce qui pourroit être emporté par les régles, & par l'humidité qui tranfue par les pores de la matrice ; de forte que les femmes ne feroient pas dans l'état convenable, fi dans le premier mois il ne s'étoit fait une conjection fanguine. Mais comme dans les quatre premiers mois l'enfant n'a pas confommé l'équivalent de ce qui s'eft amaffé, cette conjection exifte toujours ; mais elle ne s'augmente pas ; au contraire, elle diminue, parce que l'enfant & le placenta croiffent infenfiblement. Si la nature prévoyante n'eût fait ce magafin, l'enfant, dans les derniers mois, auroit affamé la mere ; alors il vit aux dépens de la mere ; il confomme au-delà de ce qu'il fe feroit confommé par les régles, & l'état de plethore fe change en vacuité, en inanition : de-là, la maigreur de la mere, fa foibleffe & fa voracité, &c.

D'après ce principe, la raifon fuffira pour faire voir qu'on ne doit jamais faigner à la fin de la groffeffe, mais bien au commencement ; que fi on le fait fur la fin, ce n'eft pas pour la groffeffe, mais pour des accidens dont nous parlerons ci-après.

Quand la matrice eft petite, elle eft fort à fon aife dans le baffin ; elle ne gêne point les parties voifines ; mais à mefure que l'enfant augmente, elle s'emplifie toujours au dépens du vagin. M. Petit a donné fur cela des mémoires très-intéreffans. La matrice ne peut s'accroître ni s'élever, fans preffer les parties voifines. Dans fon accroiffement, le fond fe porte fur le devant, & fon orifice en arriere ; le rectum alors, & les vaiffeaux hypogaftriques fouffrent une compreffion qui devient de plus en plus confidérable. A fix mois, la matrice eft hors du baffin ; elle s'appuie fur les bords, & preffe le pfoas, les veines & les arteres iliaques, les lombaires & les nerfs. De cette preffion naiffent des accidens auxquels on doit avoir égard. Il arrive alors que le fang ne pouvant remonter facilement, occafionne des varices, des tumefactions ædementeufes ; les mouvemens de la cuiffe & de la jambe deviennent difficiles & douloureux, fur-tout dant les derniers temps.

La preffion de la matrice fur les arteres occafionne encore des effets plus confidérables. Dans l'endroit de la compreffion, le fang trouvant une digue qu'il ne peut quelquefois pas vaincre, même dans les arteres, dont les tuniques font encore plus fortes que dans les veines, il reflue vers les mammelles, & les gonfle. Si la nature n'eût donné cette reffource, le fang auroit monté au cerveau en plus grande abondance, & fait de terribles ravages dans les femmes délicates ; il leur occafionne des vertiges & des oppreffions : malgré cette reffource, par le trop grande preffion, il reflue dans une femme forte ; mais ces accidens ne font pas tant à craindre ; le reflux leur caufe tout au plus quelques maux de tête, & quelques faignemens de nez, qui n'ont aucune fuite.

On doit partir de la caufe de tous les maux, pour y apporter remede. On voit ici que ces accidens dans la groffeffe ne viennent que du refoulement du fang, caufé par la preffion du fang par la matrice, & il faut y pourvoir par des pofitions & de légeres faignées.

Les arteres & les veines iliaques ne font pas les feules parties qui fouffrent du poids de la matrice. Les nerfs & les mufcles y font également expofés ; d'où il réfulte des effets locaux & généraux, comme ceux-ci. Les femmes ont les cuiffes alors & les jambes engourdies ; elles les fléchiffent difficilement ; elles marchent avec peine, par la compreffion du pfoas. Ce ne font pas encore là les feuls maux ; les nerfs ne peuvent fe dégorger du fluide qu'ils charient ; il fe fait un reflux dans la moële de l'épine. Ce reflux ici démontré eft une preuve de ce que j'ai dit ci-devant en 1750, au fujet de la circulation des efprits animaux, du cervelet dans toutes les parties du corps, & de toutes les parties du corps dans le cerveau ; ce reflux, dis-je, alors fe jette dans la moële de l'épine, & dans tout le fyftême nerveux. Ce que les parties inférieures reçoivent de moins, les parties fupérieures le reçoivent de trop. Auffi les femmes fur la fin de leur groffeffe éprouvent-elles dans les parties fupérieures une fenfibilité qu'elles ne connoiffoient pas auparavant, & des infomnies, des feux dans la tête, &c. Ce reflux eft cependant une reffource ; il fournit un réfervoir de force, pour aider au moment de l'accouchement, dans l'inftant où les femmes doivent agir avec plus de vigueur.

Des impreffions de la Femme enceinte.

Marie Stuart, Reine d'Ecoffe, étoit vive, douce, d'une complexion amoureufe ; elle aimoit auffi les Arts, & les favorifoit. Cette Princeffe avoit une intrigue avec un Muficien Italien. Le Roi en ayant été inftruit, entra dans la chambre de la Reine, dans le temps même qu'elle étoit à table avec fon amant, qu'il perça de plufieurs coups d'épée, malgré la réfiftance de la Reine, qui pour le défendre le cachoit fous fa robe. Elle ne put foutenir la vue d'un fi fanglant fpectacle fans fe trouver mal : elle étoit pour lors groffe de Jacques Ier. qui fut Roi d'Angleterre, qui ne pouvoit voir une épée nue fans s'évanouir, de quelle façon qu'on la lui préfentât. Les Phyficiens de ce temps attribuent cette foibleffe à la cataftrophe dont la mere avoit été frappée dans fa groffeffe.

Il ne s'enfuit pas de-là que l'imagination foit affez forte pour changer l'enfant ; de forte qu'une mere qui aura été frappée à la vue d'un monftre en mette un au monde , ou qu'une femme qui aura vu rouer un homme accouche d'un enfant qui aura les membres rompus ; il faut borner le pouvoir de l'imagination ; elle peut bien influer fur le caractere de l'enfant , & non fur fes membres ; & jamais un monftre ne fut l'effet de l'imagination.

Quelques-uns difent cependant qu'on a vu des femmes, qui , après avoir affifté à de cruelles expéditions : celle , par exemple , qui avoit vu rompre à Paris un homme , & qu'on a prétendu qu'elle avoit fait un enfant , dont les membres étoient rompus. Ce fait a été démenti dans le temps par la plupart des Accoucheurs. M. Petit n'en croit rien avec raifon. Il eft cependant vrai que j'ai vu à Roque-vaire en Provence , une fille agée alors de fept ans, qui avoit fur le milieu du front la tête du gland du pénil bien formée & bien caractérifée , avec toutes fes couleurs & dimenfions , même avec une efpéce de marque à l'extrémité qui dénotoit l'ouverture du canal de l'uréthre. Cette fille d'ailleurs étoit belle & bien faite ; elle appartenoit à un Aubergifte ; on lui cachoit le front avec un bandeau de mouffeline. Je ne fais ce qu'elle eft devenue , & fi on lui a fait l'emputation d'une excroiffance fi extraordinaire. La mere qui eut la complaifance de me montrer cette curiofité , convenoit avoir été affeétée dans le commencement de fa groffeffe , de cette partie du corps humain ; qu'elle l'avoit toujours préfente à l'imagination. Il eft certain que l'on voit de ces fortes d'impreffions des meres portées fur les enfans ; mais ces effets extraordinaires , où il eft queftion d'idée , ne font pas fufceptibles de raifonnement ; ils prou-vent feulement l'activité des idées , & leur force fur les corps qui leur font foumis.

Concernant les faignées des Femmes enceintes , & l'effet des Remedes.

Les remedes de précaution dans les femmes groffes font les faignées , les purgations , quelquefois les confortatifs & les ftomachiques. Il eft prudent de faigner les femmes au terme de trois ou quatre mois. Les femmes du peuple n'en ont pas befoin , à moins qu'elles ne foient trop plethoriques, parce qu'ordinairement leur grand exercice les garantit des effets de la plethore.

Les faignées doivent être petites. L'expérience a fait voir que les grandes faignées étoient nuifibles ; elles expofent fouvent à avoir de fauffes couches. Toute grande évacua-tion du fang eft contraire aux femmes groffes ; même en état de plethore. Il faut que cette évacuation fe faffe par degrés. Par exemple , dans une femme délicate , ne tirer d'a-bord qu'une palette & demie de fang , & le lendemain reité-rer la faignée de la même quantité. Dans une femme forte, on peut tirer deux palettes de fang le matin & autant le foir ; elle s'en porte mieux , & ne court aucun rifque, en partageant ainfi la quantité de fang qu'on veut lui tirer. M. Petit affure s'être très-bien trouvé de cette pratique.

Il eft facile de donner la raifon pourquoi une trop grande évacuation eft nuifible. La circulation de la mere à l'enfant s'établit par des vaiffeaux très-petits , dans lefquels le mou-vement eft infenfible. Cette circulation fe fait avec une lenteur extraordinaire. Quand on fait des faignées trop co-pieufes , la femme tombe en fincope , le fang ne circule plus , & la vie eft prefque éteinte. Cela pofé , il eft clair que le fang ceffant de circuler , comme à l'ordinaire, étant beaucoup ralenti dans les gros vaiffeaux , le mouve-ment ceffe dans les capillaires , & l'enfant meurt. Quand une femme eft attaquée de convulfion , l'Accoucheur doit fur le champ y porter remede en diligence avec des boif-fons adouciffantes. La faignée eft alors dangereufe , les con-vulfions arrêtent la circulation de la mere à l'enfant. Dans tout autre cas , la faignée tient le premier rang parmi les remedes généraux. C'eft une fage précaution , comme l'on vient de dire , de l'employer après le troifiéme mois de la fuppreffion des régles , parce que la plethore occafionnant une grande plenitude , la faignée enleve le furabondant. Elle eft évacuatoire. On en tire encore un autre effet non moins avantageux ; c'eft qu'elle diminue de la fenfibilité des nerfs , en les diftendant. Ainfi , la faignée du bras eft bonne dans le temps de la groffeffe.

Toutes les femmes cependant n'en ont pas befoin ; mais c'eft un ufage en France de faigner après le troifiéme mois révolu. Avant ce temps , la faignée feroit inutile & même dangereufe , parce qu'une femme peut fupporter deux fois la fuppreffion de fes régles , fans être incommodée. Elle peut être dangereufe , en ce que l'embrion eft fi foible , & la cohérence du placenta à la matrice eft fi délicate , qu'elle pourroit en rompre les liens , déranger la circulation de communication , & déforganifer les fibres du fœtus. Le fincope peut encore furvenir , décoler le placenta , & cau-fer d'autres défordres. Le troifiéme mois révolu , on n'a rien à craindre de ces accidens.

La faignée ne convient pas à toutes les femmes ; il y en a qui font plethoriques ; d'autres qui ne le font pas. Il eft évi-dent qu'il ne faut pas faigner celles-ci ; il y a auffi des fem-mes fluettes , délicates , qui ont peu de fang ; il feroit dan-gereux de les faigner ; mais ces femmes qui ont un beau teint , qui fe portent bien , qui mangent à-peu-près autant qu'à leur ordinaire , on doit les faigner.

Il n'eft pas étonnant de voir des femmes fortes qui fe portent bien , faire des enfans foibles & délicats. Il y a des femmes qui avortent autant de fois qu'elles conçoivent , & fouvent la caufe de ces accidens fâcheux vient de la plethore, fi confidérable , que la colonne de fang qui va heurter les couloirs du placenta , empêche que les vaiffeaux ne s'anaf-tomofent , ce qui caufe l'avortement. Si on diminue la maffe du fang , on remédie à tous ces inconvéniens. Dans ce cas , on doit faigner , même avant le troifiéme mois , & réitérer la faignée de fix en fix femaines. M. Petit dit avoir confervé par ce fecret , connu de peu de monde , mais cependant très-fimple & très-efficace , la vie à plus de trente enfans.

L'habitude de faigner fur la fin de la groffeffe , à caufe , dit-on , que la faignée , quelques femaines avant le terme , eft une bonne précaution , pour éviter l'abondance des pertes , lorfque le placenta fe détache. Ce raifonnement porte à faux , parce que dans ce temps il n'y a plus de ple-thore générale ; la femme l'épuife , par la quantité de fuc que l'enfant abforbe. Ainfi , il ne faut pas faigner ; ce feroit faire un grand mal , pour en retirer un bien petit avantage, à moins qu'il n'y ait des cas particuliers , comme nous avons obfervé. L'expérience prouve que dans ce temps , elle accé-lere l'accouchement , ce qui eft dangereux , parce que l'en-fant ne fera pas peut-être placé comme il convient ; la matri-ce prête à fe contraéter , il y a moins de danger de retarder l'accouchement , que de l'accélérer. Les Anciens ont cru la faignée du pied mortelle pour les enfans dans le fein de leurs meres ; elle fait plûtôt tomber en fincope que celle du bras.

Les émétiques peuvent être comptés parmi les remedes généraux ; mais dans la groffeffe , dans quelque point qu'elle puiffe être , foit au commencement , au milieu , ou à la fin , pour quelque maladie qu'il furvienne , on ne doit ja-mais s'en fervir. Il n'y a pas de meilleur moyen pour procurer l'avortement. Ces remedes violens ne manquent jamais de faire mourir l'enfant. Ainfi , ils doivent être profcrits , fur-tout ceux qui agiffent avec trop de puiffance , comme le *tartre ftibié* , le *quinquina* , le *tartre vitriolique* , &c. Ceux qui ne donnent que quelques naufées , font moins dange-reux ; mais généralement il faut les profcrire.

Les purgatifs ordinaires conviennent dans prefque tous les temps de la groffeffe. Après les deux premiers mois, dans le temps que les femmes ont perdu l'appétit & digérent mal , il fe fait faburre dans les premieres voies ; l'eftomac ne faifant pas fes fonctions , les purgatifs peuvent les répa-rer. Dans les derniers temps , les femmes font voraces ; il fe fait des amas de mauvaife matiere ; les purgatifs la diffi-pent. Ceux qu'on doit employer , font la rhubarbe , le féné , le jus des pruneaux , les tamarins , les amers , les modé-rés , les moyens ; mais jamais , comme nous avons dit, les remedes violens , les réfineux , les draftiques , qui font autant de ravage que l'émétique.

Toutes les femmes n'ont pas befoin d'être purgées , comme toutes n'ont pas befoin de faignées. Celles qui font bien toutes leurs fonctions , qui n'ont point de faburre , n'ont pas befoin de purgatifs ; il ne faut jamais purger dans les premiers mois de la groffeffe , comme je viens de dire , mais vers le troifiéme , au plûtôt ; il ne faut pas auffi purger dans la derniere quinzaine , parce que dans ce temps les purgatifs feroient les mêmes effets que la faignée ; ils accéléreroient l'accouchement , à caufe de l'irritation qui fe communique des inteftins à la matrice. Il faut donc alors s'en abftenir , à

moins

moins qu'il n'y ait nécessité absolue. Ce précepte est contraire à celui que suivent plusieurs praticiens ; mais il n'en est pas moins vrai que la méthode opposée est très-nuisible.

La maniere la plus commode de purger est avec les eaux minérales ; elles agissent plus doucement, en les animant avec un peu de manne, ou de sel de seignette, un demi-gros dans chaque verre. Il ne faut point en prendre beaucoup, parce qu'elles occasionnent pléthore ; le besoin doit décider la quantité.

Les bains sont généralement en usage ; je suis d'avis qu'il faut s'en abstenir. Ceux du sentiment contraire disent » qu'ils » rendent la fibre plus souple, dilatent la matrice, & fa- » vorisent l'accroissement du fœtus ». Pour mieux appuyer leur sentiment, ils ont imaginé » que la matrice a tant de » difficulté à se prêter à son accroissement, & à celui de l'en- » fant, qu'on ne sauroit trop & trop tôt employer les médica- » mens propres à obvier à tous ces maux », qui font, selon ces Auteurs, les bains.

L'expérience a fait voir, & prouve encore tous les jours la fausseté de ce raisonnement. Pour s'en convaincre, il suffit de considérer la matrice en l'état de santé.

C'est un défaut, & même très-considérable, lorsque la matrice n'est pas fermement attachée au placenta, quand ses attaches ne sont pas assez fermes. Or, c'est ce que font les bains ; l'enfant alors croît trop tôt, les pertes sont considérables ; parce que tout le sang est refoulé en dedans, comme nous le verrons dans la suite, & l'avortement en est souvent le fruit. Ce n'est pas encore le seul inconvénient qui résulte de la méthode des bains, dans les quatre premiers mois de la grossesse. Or, la pléthore est une contre-indication pour les bains ce qu'il est facile de démontrer.

L'eau pèse considérablement plus que l'air qui nous environne, de sorte qu'un corps plongé dans ce premier fluide est plusieurs milliers de fois plus pressé que dans le dernier. La pression que font les bains sur la superficie du corps, diminue le volume & la capacité de toutes les veines à l'extérieur ; le sang est refoulé à l'intérieur, où il suit la route qui lui offre moins de résistance. La tête étant hors de l'eau & ne recevant d'autre pression que celle de l'air, reçoit tout le sang des parties inférieures, & devient le siège de la pléthore, qui y fait d'autant plus de ravage, que l'affluence du sang dans les femmes grosses y est déja assez considérable, par les raisons que nous avons dites aussi des bains : arrive les étourdissemens, le gonflement & la rougeur des yeux, le tintement des oreilles, l'abattement, la stupidité & quelquefois la mort même.

Les bains sont donc nuisibles aux femmes grosses ? Au commencement de la grossesse, ils exposent à de fausses couches, à cause de la pléthore universelle, qui fait que le sang qui est refoulé dans le bas ventre, se porte dans la matrice, & la frappe d'autant plus fort, que la quantité est plus grande à la fin de la grossesse ; ils exposent à des coups de sang, à l'apoplexie. Les bains sont même très-nuisibles aux personnes saines qui y restent trop long-temps. Que doit-on donc en attendre pour les femmes grosses.

Les narcotiques ne conviennent pas non plus aux femmes grosses ; il faut les éloigner absolument. Il y a cependant quelques cas particuliers où on peut les employer pour empêcher les fausses couches ; pour lors l'opium est très-bon. On l'emploie aussi, selon quelques Auteurs, sur la fin de la grossesse en petite dose, pour détendre les nerfs, & diminuer la sensibilité ; mais aussi, si la dose est un peu trop forte, ils suspendent la communication de la mere à l'enfant, & font l'effet de la vapeur du charbon, c'est-à-dire, qu'ils procurent l'avortement. L'usage de ce remede est donc dangereux ; & dans la nécessité de s'en servir, comme nous venons de dire, ce qui est rare, hormis que l'on ne soupçonne une trop grande activité dans la circulation entre la mere & l'enfant, il faut y apporter toute l'attention possible.

Les apéritifs doivent être également suspendus pendant la grossesse. Il est très-difficile, quand on y a recours, de rencontrer le point d'un certain milieu entre le trop & le trop peu, & encore plus difficile de conserver ce milieu si nécessaire. Si on administre en trop grande quantité les apéritifs, ils corrompent la lymphe qui doit servir de principale nourriture à l'enfant. En trop petite quantité ils ne font aucun effet.

Lorsqu'une femme grosse a des glandes, des obstructions, &c. il faut suspendre les remedes, parce qu'on ne peut les donner qu'à petites doses ; pour lors ils ne font rien, & lorsqu'on les donne en assez grande quantité pour agir, ils font beaucoup de mal.

On voit des femmes grosses qui se portent mieux qu'avant leur grossesse. A la campagne, le nombre en est considérable ; dans les villes, il y en a quelques-unes parmi le peuple ; mais à peine en trouve-t-on parmi les Grands. Quelques-unes même sont guéries pendant ce temps de plusieurs maladies, de l'hystérisme, &c. Celles qui sont sujettes au crachement de sang doivent se modérer sur les plaisirs de l'amour & le nombre des enfans.

De l'Avortement, & les régles qu'il faut suivre pour éviter les accidens.

Une femme peut avorter pendant tout le temps de sa grossesse ; mais dans quelque temps que ce soit, si l'enfant vit, ce ne sera pas un avortement. L'expérience a démontré qu'à sept mois l'enfant peut vivre. Ainsi, il n'y a avortement que depuis le premier mois jusqu'au septième. C'est ce que nous allons voir.

Les fausses couches ; c'est ce que les anciens appelloient avortement. On les distingue maintenant en *fluxion*, en *germe avorté*, & en *fausses couches*. On appelle *fluxion* cette espéce de glu sans organisation, qui ressemble à un mucilage épais qui sort du premier au septiéme ou huitiéme jour, ce qui se fait sans douleur & sans perte de sang. Quand une femme avorte les six premieres semaines, & que ce qu'elle rend ressemble à un gesier, revêtu d'une espéce de poche polie, qui contient un peu d'eau, & qu'on apperçoit à peine les traces d'un enfant, on appelle cet avortement *germe avorté*, ou *faux germe*. On dit alors par ignorance, ou pour tranquilliser la conscience des femmes, par la faute desquelles arrivent ordinairement ces avortemens, qu'au commencement de la conception il ne s'est formé qu'une masse charnue. Cela est faux. La conception est toujours réguliere ; mais les exercices violens, qui procurent la désorganisation, en sont le plus souvent la cause. Le placenta absorbe le sang de l'enfant, sa substance se change en eau. La nutrition ne se fait point, ses principes se confondent, & ne forment plus qu'une masse informe, & c'est alors qu'on dit avoir fait un faux germe.

On distingue encore différentes espéces d'avortemens, à raison des temps où ils se font, & de la maniere dont ils se font. Les uns se font *quasi spontané*, sans presque aucune douleur, d'autres plus violemment. L'avortement est toujours plus dangereux que l'accouchement. Les accidens se tirent des causes qui les occasionent. La premiere est la construction de la matrice.

Lorsqu'un enfant vient au monde avant le terme fixé par la nature, il ne peut pas jouir du ressort de l'air, ses poulmons sont trop foibles ; ils sont trop affaissés ; s'il respire, il n'a pas la force de téter, & si on lui donne du lait, son estomac ne peut le digérer. De quelque maniere qu'on s'y prenne, on ne peut lui prolonger la vie.

Les causes qui peuvent procurer l'avortement sont disposantes ou déterminantes. Les disposantes sont la ténuité des fibres de la matrice, Hyppocrate le remarque, la trop grande sensibilité ; la trop grande humidité de la matrice, ou sa trop grande sécheresse ; l'excès du pléthore, ou la trop grande plénitude des vaisseaux sanguins de la matrice. Toutes ces choses nuisent au germe ; l'humidité de la matrice empêche l'adhérence du placenta, & la sécheresse empêche les fibres de se distendre ; la plénitude des vaisseaux produit l'engorgement, & la trop grande quantité de sang qui passe par la matrice, la désorganisation.

L'hydropisie, les obstructions de la matrice, la chaleur des entrailles, les coups donnés sur le ventre, & généralement tout ce qui peut faire contracter la matrice, soit de la part de la mere ou de l'enfant, cause l'avortement. Tout ce qui épuise la mere, comme le dévouement, l'abondance de la salivation, l'hémorrhagie ; une saignée trop copieuse est aussi cause de l'avortement. *Si sanguis mulieri gravida mittatur qui deficiunt abortiunt.* Par ce *deficiunt*, il entend la sincope.

Quand l'enfant meurt, la mere avorte ; la circulation de la mere à l'enfant est arrêtée ; le placenta reçoit & absorbe tous les sucs ; ils se gonfle & s'obstrue. Le sang qui ne parvient plus jufqu'à l'enfant refte dans le paranchime ; les fen-timens de mal-aife que reffent la matrice l'obligent à fe con-tracter, pour chaffer le corps qui lui nuit, qui eft alors pour elle un corps étranger. On voit donc que ce qui con-tractera trop fort la matrice caufera l'avortement. La caufe déterminante eft donc la contraction de la matrice. Les coups donnés fur le ventre, la preffe où fe trouve quelquefois une femme, la colere à laquelle elle s'abandonne, toutes les grandes paffions de l'ame ; les fiévres intermittentes procu-rent auffi l'avortement. Les bonnes femmes croyent alors que c'eft la chaleur de la fiévre qui fait bouillir l'eau contenue dans la matrice, & cuit pour ainfi dire l'enfant. La vraie caufe alors de l'avortement, c'eft l'érétifme. La chaleur des fiévres ne tue jamais ; c'eft le friffon, parce que dans ce temps, la circulation eft fi lente, qu'à peine exifte-t'elle dans les capilaires, qui joignent le placenta à la matrice. On voit quelquefois des hommes très-robuftes périr au friffon. On ne doit donc pas être furpris des terribles effets qu'il opere fur les femmes groffes. Certaines vapeurs en-gourdiffantes caufent auffi quelquefois l'avortement. On a des exemples qui ne font que trop communs dans la vapeur du charbon.

Les fymptômes de l'avortement font les douleurs de reins plus ou moins aigues qui fe font fentir. Les parties na-turelles deviennent humides ; il fort d'abord quelque matiere glaireufe, enfuite du fang ; des douleurs cuifantes furvien-nent ; le pouls s'éleve ; la chaleur de la peau augmente ; les mammelles fe gonflent ; la matrice s'ouvre, & l'enfant fort : auffi-tôt les douleurs ceffent ; les douleurs difcontinuent ; il en refte feulement un petit fentiment pendant dix jours.

Les douleurs de reins viennent de la contraction de la ma-trice, à caufe des ligamens qui y font attachés. Les per-tes viennent de ce que par la contraction de la matrice, le placenta s'en détache, les vaiffeaux reftent ouverts. Sou-vent le fang coule tout clair, & d'autres fois par caillots. Il fort clair, quand la matrice eft très-ouverte, & lorf-qu'elle ne l'eft pas, il ne fort que goutte à goutte, & le fang fe coagule en dedans.

On voit alors le pouls s'élever, la peau s'échauffer, & un grand défordre dans tout le corps ; le gonflement des mammelles ceffe, à caufe des grandes pertes.

On connoît qu'une femme eft prête d'avorter, par tout ce que nous venons de dire, & par le toucher. C'eft par-là qu'on diftingue fi le fang qui coule eft le fang des régles, ou le fang qui précéde l'avortement. Une femme a perdu fes régles depuis un mois & demi ou deux ; elle fent des douleurs de reins, fa peau s'échauffe, &c. Si l'orifice fe di-late au toucher, foyez perfuadé de l'avortement, parce que dans les régles il ne fe dilate point du tout, ou du moins très-peu.

Si l'avortement fe fait au commencement de la groffeffe, il n'y a rien à craindre ; mais fi elle eft déja avancée, il y a plus de danger, parce que les pertes font plus confidéra-bles. Quand c'eft au commencement de la groffeffe, il eft à défirer que ce planceta forte le premier, parce qu'étant plus gros que l'enfant, il lui frayera la route, & c'eft tout le contraire, lorfque l'enfant approche de fon terme. C'eft ce que nous avons déja dit.

Ce qu'il y a à craindre ne fe borne pas à ce que l'enfant perde la vie ; il la perd toujours ; mais il y a auffi à crain-dre pour la mere. Si c'eft pour la premiere fois qu'elle con-çoit, il eft prefque fûr qu'elle reftera ftérile, ou que fi elle conçoit elle avortera. On en donne facilement la raifon, en difant que la trop grande contraction déforganife la matrice, qui ne fe rétablit pas. Ces malheurs ne manquent jamais de produire ces mauvais effets dans les femmes d'un tempéram-ment délicat. Les femmes qui ont déja fait plufieurs enfans n'ont pas la même chofe à craindre, parce que l'organifa-tion de la matrice eft affurée, plus ferme, & pour ainfi dire aguérie, qu'aucun avortement ne peut la déranger.

Lorfque l'avortement eft décidé, il faut d'abord avoir foin de placer la malade dans un lieu qui ne foit ni trop chaud, ni trop froid. Une trop grande chaleur dilate les vaiffeaux, augmente les pertes, & caufe l'hémorrhagie ; le froid au contraire caufe un faififfement qui donne aux fibres du corps une tenfion plus forte que la tenfion ordinaire, & excite trop de contraction. Le repos n'eft pas moins nécef-faire que le bon régime réglé. Le mouvement & l'agitation loin de prévenir le mal, l'accelerent. Il faut qu'une femme

foit au lit, les reins un peu élevés, de façon que la tête ne foit pas trop en arriere, les cuiffes collées l'une contre l'autre, & un peu pliées. On doit avoir le plus grand foin, lorfque la femme eft ainfi dans le repos, d'éloigner tout ce qui pourroit émouvoir fa fenfibilité, ne lui pas faire foup-çonner qu'elle eft expofée à l'avortement. Souvent la colere, l'impatience, les menaces, ont fait plus de mal que toutes les caufes phyfiques.

L'orifice de la matrice étant ouvert, & les caillots arri-vant, lorfqu'on fent le corps de l'enfant qui s'avance, & le jugeant mort, il ne faut plus penfer qu'à la confervation de la mere, qui peut fe trouver dans trois cas, auxquels il faut avoir égard.

Le premier eft celui où la maffe contenue dans la matri-ce fort d'un tiers, ou de moitié de fon volume, autant qu'on peut l'eftimer par la groffeur de la femme.

Dans le fecond, il ne fe préfente à l'orifice de la matrice qu'une petite maffe en forme de crête.

Le troifiéme cas eft lorfqu'il ne fe préfente rien, & que les douleurs font toujours vives, & les pertes abondantes.

Dans le premier cas, il faut profiter de l'inftant où la femme fent une douleur ; il faut porter la main fous le vagin, paffer l'autre fous la cuiffe. Si la douleur tarde, on la fait naître par une légere irritation ; on profite du mo-ment. L'effort que fait la mere pour chaffer l'enfant, & l'a-dreffe de l'Accoucheur qui a fes trois doigts dans le vagin, achevent l'avortement ; il n'y a rien à craindre. On traite enfuite la femme avec autant & même plus de foin qu'une femme nouvellement accouchée.

Dans le fecond cas, comme ce qui avance hors de la matrice eft peu de chofe, que les douleurs font vives, que la femme eft réduite à l'*animi deliquiare*, il ne faut, ni porter la main, ni employer les narcotiques qui engourdiffent. Suffit quelques cordiaux doux, quelques légers aftringens, pour réveiller & augmenter l'irritation de la matrice. Si on prenoit ce qui fort, on le dechireroit ; les petites portions ôtées romproient des vaiffeaux, l'hémorrhagie furviendroit ; d'ailleurs ce qui fortoit tenoit la matrice ouverte ; elle fe fermera, & il faudra attendre par force d'autres douleurs. Il eft donc plus prudent d'attendre un travail plus avancé que de rompre d'abord les petites portions qui paroiffent.

Enfin, dans le troifiéme cas, il ne fort plus rien ; on a déchiré ce qui fortoit. Ce cas eft terrible, à caufe de la hau-teur de l'orifice. Il faut avoir recours aux faignées, aux nar-cotiques. On porte un doigt, enfuite un fecond ; on tâche d'arriver au fond, & de faifir avec les deux doigts cette maffe, & on la fait fortir par l'orifice que les deux doigts ont dilaté. Cela ne réuffit pas toujours. Cette opération eft même très-difficile. On a imaginé *une petite pince*, mais je ne parle pas ici des accouchemens forcés, au moyen des inftrumens. On connoît les Auteurs qui ont traité cette ma-tiere, & on peut y avoir recours. Mon plan ne confifte qu'à définir, en Anatomifte Phyficien, tout ce qui peut re-garder la groffeffe & l'accouchement, & les moyens de fecourir les femmes dans leur travail avec les inftrumens des premiers Accoucheurs, qui font les doigts. De dix femmes que l'on accouche avec le fer, il en périt neuf. Pour peu qu'il y ait jour de délivrer la perfonne d'une autre façon, en excitant plus fortement la contraction de la matrice, & la dilation de l'orifice, il faut le faire. Cela m'a réuffi à Nice fur une femme qui ne voulut pas entendre parler de ferrement. Il faut enfuite avoir beaucoup de foin d'une femme qui fort d'un travail fi dangereux.

Il y a un quatriéme cas dans ces avortemens ; c'eft celui où le germe eft forti de la matrice, & tombé dans le vagin. Le placenta s'y eft altéré, le faux germe qui s'eft confondu s'eft pourri, & a formé un tampon. Il faut faifir ce corps avec deux ou trois doigts, & le tirer dehors. Ce cas n'offre aucune difficulté, quand on eft inftruit. On met alors la femme à un petit régime doux, & on lui donne un peu de repos, &c. moyennant ce que nous venons de dire de ce quatriéme cas, il faut obferver, que quand on a fait met-tre au lit une femme menacée d'avortement, il faut avoir foin, vingt-quatre heures après, & plufieurs fois de temps en temps, d'examiner fi la ceffation des fymptômes ne vient point de ce que le germe eft tombé dans le vagin.

On croit avec raifon qu'une femme groffe eft moins ex-pofée aux maux vénériens, & aux ravages qu'ils occafion-nent ; mais on fait auffi qu'il faut apporter plus d'attention dans le traitement de ces maladies, quand elles en font attaquées. Il eſt rare qu'une femme faiſie d'une vérole complette conçoive. Si cependant elle a conçu, il eſt plus rare encore qu'elle arrive à terme ſans avortement. L'expérience démontre que ces femmes avortent dans le troiſiéme ou quatriéme mois, ou tout au plus tard dans le cinquiéme ; quelquefois elles avortent encore plutôt.

Cet avortement beaucoup moins dangereux que ceux qui ont d'autres cauſes, procéde de ce que les ſucs qui vont à la matrice ſont dépravés, ont beaucoup d'acrimonie, qui détruit & déſorganiſe le corps de l'enfant, qui eſt d'une délicateſſe infinie. Cette acrimonie eſt cauſée par les concretions de la lymphe (*comme nous détaillons dans notre Expoſition anatomique des maux vénériens, &c.*) Le virus produit encore un autre effet ſur la matrice ; il irrite ſes fibres, les fait entrer en ſpaſme, & par la contraction convulſive qu'il occaſionne, intercepte la circulation de la matrice au placenta.

Les avortemens cauſés par les maladies vénériennes ont quelque choſe qui leur eſt propre ; ils n'ont beſoin ni de chûte, ni de fiévre, ni des grandes paſſions ; ils viennent comme d'eux-mêmes, la femme reſſent d'abord des douleurs aux reins, &c. comme dans les autres avortemens ; mais il ſe termine avec moins de danger & plus promptement. (*Voyez, pour ce qui concerne le traitement, ce que j'ai dit dans mon Expoſition citée ci-deſſus*).

De la Culbute de l'enfant.

Il y a des femmes chez qui cette culbute ſe fait ſubitement ; mais en général elle ſe fait petit à petit. Chez certaines femmes, elle ſe fait quinze jours auparavant l'accouchement ; la forme du ventre change. La cauſe vient des légeres contractions de la matrice, qui commence à s'exercer, & d'un autre part, que l'enfant prend une peſanteur ſpécifique, plus grande que celle de l'eau. Les petits mouvemens de l'enfant aident à cette culbute, ainſi que le poids de ſa tête qui entraîne le corps. Il y a cependant des enfans qui ne font point la culbute ; quelquefois même il eſt porté plus loin, & au lieu de préſenter la tête, il préſente d'autres parties, la culbute étant portée trop loin, ce qui prouve les cauſes que nous avons admiſes.

Des Jumeaux.

Les jumeaux de diverſes groſſeurs & de diverſes forces, plus ou moins bien nourris, & plus ou moins expulſés par la matrice, ont donné lieu à imaginer *la ſuperfétation*. J'ai donné dans mes anciennes obſervations périodiques, qu'a aujourd'hui M. l'Abbé Roſier, des diſſertations critiques, que je ne rapporterai pas ici, qui tendent à prouver mon ſentiment. Le retard de l'un des jumeaux, quand même il ſeroit de trois mois, ne prouve pas la ſuperfétation. Il y a mille cauſes qui peuvent faire que l'un des jumeaux ſoit plus petit, moins avancé ; l'un des deux peut être malade, l'autre ſe portant bien. Si un enfant vient long-temps après ſon jumeau, on peut concevoir la choſe ; ſans admettre la ſuperfétation ; car dans l'accouchement le premier enfant étant ſorti, à cauſé la diſtraction forcée de la matrice. Si le ſecond placenta tient beaucoup, le ſecond enfant peut reſter, comme on voit que le placenta reſte pluſieurs jours après l'accouchement ; d'ailleurs la matrice ayant ceſſé ſa contraction par l'accident du premier, & le ſecond ſe trouvant plus à ſon aiſe, il peut reſter plus long-temps, & attendre une nouvelle contraction de la matrice, qui peut retarder pluſieurs mois dans cette ſituation. Les exemples des negreſſes qui ont accouché d'un blanc, ou plutôt d'un mulâtre & d'un noir, ne prouvent rien. L'un des jumeaux peut tenir plus de la mere que du pere, & l'autre être tout oppoſé.

On conçoit que la génération faite, la matrice eſt remplie & cloſe, & un ſecond germe ſe briſe à l'orifice, & ne ſauroit y parvenir. La ſemence qui porte le germe, peut porter les deux jumeaux à la fois, l'homme ayant deux teſticules & deux véſicules ſéminales, trois même par une conformation extraordinaire ; mais les germes reçus, il n'y a plus à parvenir dans l'utérus, la place eſt priſe.

DE L'ACCOUCHEMENT.

L'ACCOUCHEMENT eſt la ſortie de l'enfant à terme du ſein de la mere. L'accouchement eſt naturel, difficile, ou contre nature. On obſerve, 1°. le temps où il ſe fait ; 2°. la maniere dont il ſe fait ; 3°. le travail.

L'accouchement naturel eſt celui qui s'opere par les ſeules forces de la nature. On ne compte pour rien les ſecours ordinaires des Sages-femmes, il eſt toujours naturel, lorſqu'il ne s'agit que d'aider un peu, & de donner les ſoins qui conviennent à une femme en travail, *imperfectus adhuc &c.*

L'accouchement difficile eſt celui dont la poſition de l'enfant oblige les femmes à avoir recours au ſecours des Accoucheurs, ou à celui des plus habiles Sages-femmes. Lorſque par exemple la tête du fœtus ſe trouve engagée dans le petit baſſin, ou qu'il préſente les feſſes, &c.

L'accouchement contre nature eſt celui dont les obſtacles invincibles obligent l'Accoucheur à tirer de force l'enfant, à le mutiler, & à l'arracher par parties, &c. ne pouvant ſauver la vie de la mere autrement, ni le mettre au monde dans ſon entier.

Le temps preſcrit pour l'accouchement naturel n'eſt pas fixé. Les femmes ordinairement accouchent avant les neuf mois accomplis, & quelquefois au neuviéme mois préciſément ; d'autres fois elles paſſent de quelques jours le neuviéme mois, ce qui arrive dans les campagnes ; elles portent leur fruit plus long-temps, & avec plus de force, auſſi leurs enfans ſont-ils plus robuſtes & leurs accouchemens moins difficiles. Il arrive auſſi que les femmes ſe trompent ſouvent ſur les termes de leur groſſeſſe, ne ſe croyant enceinte que du moment où elles s'apperçoivent du défaut de leurs régles. Ainſi, la diſpute ſur la queſtion du temps de la groſſeſſe n'eſt fondée que ſur des conjectures. Les mois lunaires, les mois ſolaires ; rien n'eſt préciſément fixé, en ce qui regarde le terme de l'accouchement naturel. Les accouchemens prématurés ſont auſſi naturels, ſi l'enfant vit.

Les enfans de ſept mois ſont à terme, & vivent ordinairement, même ceux de ſix, ce qui eſt rare, & on a toutes les peines imaginables de les élever ; car ils meurent toujours à ce terme en venant au monde.

Les femmes accouchent auſſi quelquefois à huit mois, à ſept mois & demi ; mais ces accouchemens prématurés ſont toujours naturels, quand l'enfant vit. Les femmes ſenſibles, nerveuſes, qui ont plus d'eau dans la matrice qu'il ne faut ; celles qu'on marie trop reſſerrées, & les hiſtériques accouchent prématurément.

La maniere dont ſe fait l'accouchement. On a cru que l'enfant, las d'être renfermé, cherchoit à ſortir, & qu'il opéroit lui-même tout le méchaniſme de l'accouchement. Cette idée ancienne eſt fauſſe ; cela ne peut arriver ainſi, quand même l'enfant auroit fait ſa culbute, que ſa tête ſeroit poſée ſur l'orifice, & ſes pieds contre le fond de la matrice, ſes efforts ſeroient vains, ſi la matrice ne ſe mettoit en contraction elle-même, & ſi malheureuſement l'enfant ſeul agiſſoit, ſes mouvemens irréguliers & mal ordonnés, déchireroient la matrice, plutôt que de parvenir à s'en frayer l'iſſue & la ſortie, comme cela eſt arrivé dans le mouvement convulſif du fœtus, que nous avons déja obſervé ci-deſſus dans la groſſeſſe. Le mœconium, l'acrimonie des eaux, le défaut de nourriture, la gêne dans la matrice ; toutes ces prétendues cauſes ne font rien au travail de l'accouchement ; l'enfant eſt purement paſſif, comme il arrive quand il eſt mort. S'il fait quelques mouvemens, ils ajoutent peu de choſe aux forces de l'accouchement ; c'eſt la matrice elle-même qui eſt l'agent de tous ces mouvemens. La matrice eſt un muſcle creux ; capable de contraction, comme l'eſtomac, quand une cauſe le détermine. Il y a d'ailleurs des forces auxiliaires qui agiſſent avec la matrice.

Le travail eſt ce ſentiment de douleur, effet de la contraction de la matrice. Les douleurs ſont vraies ou fauſſes.

Elles font fauffes, quand elles ne menent à rien; fouvent même ces douleurs ici éloignent l'accouchement. Dans l'accouchement naturel, il n'y a que des vraies douleurs. Les femmes fentent de petites douleurs ; elles paffent vite, ce qu'on appelle *mouches*, qui durent quelquefois vingt, vingt-quatre, trente-fix heures, & même plus : elles prennent aux régions lombaires, & vont au nombril, au lieu que les bonnes vont vers les parties naturelles, & fur le fonde-ment. C'eft alors qu'on eft près de l'accouchement, quand la femme en travail défire & demande la garde - robe, & lâche même les matieres fécales malgré elle. Il y a des femmes qui n'ont prefque pas de mouches. Plus elles ont des enfans, moins les mouches font de durée. Le vrai travail commence, la douleur s'annonce par un refferrement involontaire, interne du bas-ventre ; lequel eft fuccédé par la contraction des mufcles de l'abdomen. Dans la douleur, tous les mufcles de la matrice font en contraction.

Dans l'intervalle des douleurs, le vagin eft humide, & a une chaleur un peu plus forte. Au commencement du tra-vail, l'orifice eft haut ; il eft mollafte. Quand la douleur commence, l'orifice s'ouvre un peu ; on fent les membra-nes tendues fe préfenter à l'orifice, au lieu qu'elles font molles & pliffées quand la douleur ceffe. La tumeur formée par les eaux s'efface auffi. Tout ceci fert de figne & de bouf-fole à l'accouchement. On a coutume de dire que les *eaux fe forment* dans le temps que l'orifice eft bandé ; & très-aminci. Dans le même temps de la douleur, on ne peut toucher l'enfant qui remonte, à proportion que les eaux s'avancent, ce qui furprend quelquefois les jeunes Sages-femmes & les commençans. Quand la douleur ceffe, & que l'orifice redevient mol & pliffé, ainfi que les membranes, la tumeur s'efface, & l'enfant retombe fur l'orifice ; & c'eft dans ce temps que l'on peut juger quelle eft la partie que préfente l'enfant.

La contraction & les douleurs augmentent enfuite, & la femme fait de grands efforts, l'orifice fe dilate en fe bandant, la tumeur s'avance, les membranes s'amincifent, & cre-vent ; c'eft-là *la fortie des eaux* ; alors on trouve la tête der-riere les membranes. S'il fe fait encore une petite tumeur, cela n'empêche pas qu'on ne fente la tête qui y refte, & ne s'éloigne plus pendant la douleur. On juge mieux qu'aupara-vant de la partie que préfente l'enfant. Il defcend à raifon de la force des douleurs ; il fort enfin. Si cela tarde à fe faire, on dit que *l'accouchement eft à fec*. Avant la fortie de l'enfant, la tête fe fent, s'apperçoit, la plus grande partie paroît vers la fourchette. Les femmes crient alors à force de douleurs ; quelquefois un tremblement, un grelotte-ment les accompagnent. La crainte de la mere aide beaucoup à ce phénomene ; les femmes alors fe plaignent encore plus d'une pefanteur très-forte fur le fiége ; la tête gagne le de-vant, pour s'engager par la vulve qu'on voit infenfiblement s'amincir & s'étendre d'une façon merveilleufe. Les nym-phes & les caroncules s'effacent entierement ; enfin, la tête fort comme élancée par la douleur, ce qui eft accom-pagné d'un torrent d'eau, quelquefois de fang. Il fe fait quelquefois un petit bruit, comme quand les eaux débor-dent. L'enfant fort, la femme goûte une joie, une tranquil-lité inexprimable.

Le placenta fuit quelquefois l'enfant ; mais plus fouvent il tarde de fortir ; il fe fait une petite maffe vers le nom-bril, repréfentant un bloc, qui méprend quelquefois, & peut faire foupçonner un fecond enfant. Il arrive des petites douleurs pour expulfer le délivre, dont on aide la fortie en le tirant légérement par le cordon.

Ce qui détermine l'accouchement ; c'eft a matrice, pa on irritation, quand elle eft diftendue autant qu'elle a pu faire. Ce développement fe fait par les fibres qui compofent le corps de la matrice, & par ceux du vagin en particulier. C'eft lorfque ces fibres font développées, & qu'elles ne peuvent plus fe préter fans fe rompre, ce qui produit alors un mal-être, & des douleurs qui determinent la contraction ; & cette contraction eft fi forte, que quand l'Accoucheur y porte la main, elle fe trouve prife comme dans un étau, & il la fort toute engourdie.

Hors le temps de la groffeffe, les parois antérieurs & poftérieurs de la matrice font à-peu-près d'égale épaiffeur ; les bords font plus épais dans leur milieu, où ils forment chacun un dos, ou boffe qui fépare l'ouverture du col de la cavité triangulaire. Jufqu'au quatriéme & cinquiéme mois, le col ne prête point ; ce font jufqu'alors, les boffes

des parois qui fe font développées. Vers le cinquiéme mois, le col de la matrice commence à fe développer, fes parois font auffi épais que ceux du corps de ce vifcere ; ils ont des plis bien fins dans leur compofition ; le col, dont les fi-bres font bien fines & mufculaires, fe ramollit enfin, prête & s'amincit, au point qu'il difparoît près de l'accouchement ; les boffes s'effacent auffi totalement ; de forte qu'il paroît que le col de la matrice & fes boffes font le magafin des fi-bres qui fervent à fon développement ; de même que dans l'accouchement, les rides du vagin, les caroncules & les petites lévres font faites pour prêter & s'étendre, dans le temps de la fortie de l'enfant, ainfi que le podex qui a des fibres réfervées, propres à l'étendre. Il faut donc convenir que le corps de la matrice a, de plus que fon extenfion, le développement qui fe fait par fon col, & les boffes qui le terminent. Les extenfions énormes qui font arrivées à la ma-trice fe font faites par le tiffu cellulaire, & point du tout au-delà de celles où les fibres peuvent parvenir. Les fibres mufculaires trop tendues fe caffent, ou perdent leur pro-priété de fe contracter, qualité que conferve la matrice, & qu'elle perd quand elle eft tellement diftendue, qu'elle eft prête à fe crever. D'ailleurs, s'il n'y avoit qu'allonge-ment, néceffairement la matrice s'amincieroit. Cela ne lui arrive point ; elle n'eft jamais fi épaiffe, ni fi volumineufe que près de l'accouchement. L'épaiffeur eft encore plus con-fidérable où le placenta eft implanté.

Les fibres de la matrice, avant la groffeffe, font fort ref-ferrées & rapprochées, n'ayant de fuc que ce qu'il faut pour leur nourriture, & pliffées en zig-zag, occupant peu de place dans les filles ; mais chez les meres, les fucs empreg-nent ces fibres, qui s'amolliffent, fe diftendent, étant plus difpofées à prêter, & les fluides pénétrent davantage, à me-fure que les plis s'effacent. Les fibres développées fe démon-trent facilement, & prennent le caractere mufculaire ; elles dans font difpofées par faiffeaux, ce qu'on n'apperçoit point les vierges. Il vient un temps où le développement s'arrête, & l'enfant groffiffant toujours, la matrice foûffre par conféquent, fe contracte, & détermine l'accouche-ment.

La preuve que le col prête principalement au dévelop-pement de la matrice, comme nous avons déja dit plufieurs fois, c'eft que les ligamens ronds, les trompes, &c. font toujours dans la même fituation au fond de la matrice ; & fi c'étoit le fond de ce vifcere qui eût plutôt fervi à fon dé-veloppement que le col, les ligamens & les trompes fe-roient rentrées & racourcies vers leurs attaches au corps de la matrice. Ce méchanifme, comme on conçoit, a caufé toutes les variétés de l'accouchement. On fent aifément pour-quoi une femme peut accoucher à fept mois, comme il ar-rive très-fouvent quand il y a deux enfans, puifqu'il eft, on ne peut pas plus rare, que l'accouchement fe faffe au neu-viéme mois révolu, ce qui arrive quand il y a affez de fi-bres dans le col pour un plus grand développement, & que l'accroiffement des jumeaux eft plus lent.

Quand une femme eft prête d'accoucher, on s'informe fi la femme a accouché déja avec facilité, s'il y a des glaires, & on examine par le toucher fi l'enfant vient bien, &c. On diftingue l'enfant par l'orifice ou à côté. La rondeur dure indique la tête ; les inégalités indiquent les autres parties. Si elles font petites, inégales, qu'on touche avec peine, on juge que ce font les mains ou les pieds.

Pendant le travail, il n'y a pas grand chofe à faire ; on accou-che les femmes dans l'attitude la plus commode. En France, on les couche fur un *lit de mifere*. On ne doit coucher les fem-mes que quand elles font prêtes d'accoucher, crainte de les fatiguer. Celles qui font fujettes aux fyncopes, aux hé-morrhagies, ou qui fouffrent de la poitrine, elles ne doivent point être couchées ; mais affifes, & un peu penchées en arriere ; elles doivent toujours être couvertes ; l'Accoucheur ou la Sage-femme fe place aux pieds. On voit qu'une femme accouchera bientôt, quand on fent facilement l'orifice, & qu'il eft déja développé ; la tête s'avance, & on dit qu'elle eft *au couronnement* ; quand elle eft à vue, il ne faut plus alors que deux ou trois douleurs.

Quand l'enfant eft forti, on délivre la femme ; mais on doit faire attention à plufieurs chofes ; car tous les cordons n'ont pas la même force, la même confiftance. Si on tire trop fort, on peut les caffer, caufer des douleurs, emme-ner la matrice. On a beaucoup parlé du renverfement de la matrice ; ce cas peut arriver ; mais il eft rare. Ce qui

arrive

arrive plus souvent dans les endroits où les Sages-femmes & les Accoucheurs ne sont pas assez instruits, & opèrent trop grossierement. La matrice par la suite se sent toujours des violences que l'on a faites en tirant le délivre. Quand le cordon craque, il faut craindre qu'il ne se casse, ainsi que quand il est gonflé & mollasse; on doit porter la main tout aussi-tôt, quand le placenta est trop adhérent, ou que le cordon est trop foible. Si on tarde une demi-heure à délivrer, on est presque toujours obligé de le faire, parce que la matrice se contracte & se resserre; il se fait des caillots. Ainsi, quand on doute le moins du monde de l'adhérence du placenta, on y porte la main, comme nous disons ici. Si on y trouve de la résistance, on attend un peu. Si de nouveaux efforts ne réussissent pas, on tâche encore d'introduire la main avec soin, & sans que la femme s'en apperçoive; car cette introduction n'est pas de leur goût; mais il vaut mieux la faire, que de laisser périr une femme par une fausse délicatesse, soit que le placenta, en partie détaché, laisse découler le sang, ou que le cordon soit cassé.

Quand tout va bien, & qu'il n'y a aucun danger, on ne porte point la main dans la matrice. Il y a moins d'inconvénient de tarder, que de se presser, parce que dans ce cas il suit assez communément des hémorrhagies terribles, qu'on évite quand on attend les douleurs secondaires de l'accouchement, pour la sortie du placenta. Les vaisseaux ne se ferment que par les contractions; il faut que la matrice soit en action; il faut attendre son moment: c'est toujours la méthode la plus sage, & ne courir aux opérations qu'aux extrêmités.

On coupe le cordon entre la double ligature. Avant que de delivrer, la ligature se fait à deux ou trois travers de doigt du ventre de l'enfant: il se fait un desséchement, ensorte que la nature forme le nombril au lieu de son terme. Si on lie trop près de l'enfant le cordon, il est plus exposé aux hernies. On ne fait point de ligature aux animaux; mais leurs vaisseaux sont plus petits à proportion; les placenta sont par cotiledon; d'ailleurs, les femelles dans les animaux mâchent le cordon. La délivrance est plus facile, quand le cordon n'est pas viseré absolument au milieu du placenta, ce qui est très-souvent. Ainsi, la nature, pour l'avantage de toutes les opérations animales, ne s'est-elle point oubliée.

La délivrance faite naturellement, ou par l'introduction de la main, portée dans la matrice, conduite par le cordon, & ayant dans ce cas contourné avec les doigts, avec toute la délicatesse possible, & ayant légerement détaché le placenta, on examine s'il est entier, s'il n'y a point d'hémorrhagies; & la femme couchée, on lui donne quelques légers restaurans. S'il reste des morceaux de placenta, & qu'ils soient de petit volume, on les laisse, autrement on va les chercher. Quelquefois même, si l'hémorrhagie est trop considérable, on laisse le placenta en entier; plutôt que de voir expirer l'Accouchée noyée dans son sang; au lieu que dans ce traitement, en temporisant, on peut encore espérer, de façon ou d'autre, l'expulsion du placenta.

Marche de la Tête du Fœtus.

Quand le travail commence la tête s'appuie sur l'orifice, quand les douleurs sont cessées: car dans la force des douleurs, l'enfant remuant, nous supposons les eaux non percées, la face est tournée du côté du sacrum; mais insensiblement la tête se tourne un peu de côté, les eaux perçent; de façon que l'axe le plus grand de la tête répond au grand diamétre du bassin. Il ne faut cependant pas croire que la face soit tout-à-fait à droite, & l'occiput à gauche; il est obligé à cette situation, d'avoir la face un peu à droite ou à gauche, & l'occiput du côté opposé, que jusqu'au point où la tête trouve à passer ce détroit, elle n'est point obligée de se détourner entierement, suivant le grand axe de l'ouverture du bassin. Dans cette situation, l'enfant passe le détroit, sans changer de position. Cependant sa tête se détourne encore un peu plus transversalement, s'il est nécessaire, & avance en s'appuyant sur le rectum, ce qui occasionne ce sentiment de pesanteur & d'envie d'aller à la garde-robe. La tête gagne ensuite en devant, pour s'engager sous le pubis, par les douleurs; & à mesure qu'elle avance, elle reprend sa direction droite & primitive, comme elle étoit avant de s'engager dans le grand détroit; en sorte que l'occipital est plus ou moins

directement sous le pubis, & la face vers le sacrum. Les anciens ne connoissoient pas ces positions & progressions du fœtus dans la marche du petit bassin. Dans le temps des douleurs, les femmes veulent qu'on les aide: on en fait semblant. Autrefois, quand entre deux douleurs, on s'appercevoit que la tête étoit un peu de côté, on s'efforçoit de la mettre dans la situation droite, de façon que la face fut absolument en arriere, vis-à-vis le sacrum, ce qui étoit une dangereuse méthode & contre l'ordre naturel.

Lorsque les lévres sont rondes, fermes & courtes, comme chez les jeunes personnes, les brunes sur-tout, elles sont sujettes à se rompre. Chez les personnes grasses, les lévres sont minces, & projettent en arriere, mais il y a des exceptions. Quand les douleurs vont vite, on fait des embrocations des linimens; au lieu de faire valoir les dernieres douleurs, on conseille de les retenir. Le travail en est plus long; mais aussi on risque moins les déchirures. Dans la premiere grossesse, quelquefois même dans les secondes, la fourchette est encore bien exprimée, s'appuye & embrasse le bas de la partie de la tête qui se présente comme une coëffe, ensorte que la tête en est au tiers, ou à moitié couverte. Si on presse les douleurs, assez souvent elle se fend, ainsi que le periné, quelquefois jusqu'à l'anus. Des Accoucheurs ont même vu paroître les boyaux tendus. Pour empêcher cet accident, voici la pratique ordinaire.

Les Sages-femmes appuyent avec les pouces, pour aider à la dilatation: cela ne vaut rien. D'autres coupent avec l'ongle ou le bistouri un peu la fourchette; cela est encore plus dangereux. Il faut seulement défendre aux femmes de faire valoir les douleurs pendant quelque temps, & ramollir avec de la pomade ou du beurre frais; la distention se fait alors lentement, expose moins à la rupture. On soutient même la tête contre les efforts de la mere; en sorte que la tête qui seroit sortie en une ou deux douleurs ne sort qu'en cinq ou six.

Les dilatations préparatoires, soit du vagin, soit des parties externes, soit sur le periné, sont inutiles, nuisibles, & les suites des couches en sont à craindre, & il en arrive des accidens. On meurtrit, on irrite, & quelquefois même on déchire.

Variété des Accouchemens.

L'accouchement peut être naturel, quoique la tête ne présente pas tout-à-fait le sommet. Les Auteurs ont beaucoup discuté cette position. Il importe peu que la tête se présente un peu plus du côté du front, ou des temps, &c. pourvu que la tête en total se présente dans la position ci-dessus. Je dis plus; c'est que l'enfant présentant la face, l'accouchement est toujours naturel, & peut se faire sans accident. L'enfant en souffre il est vrai beaucoup plus; sa face est un peu plus mutilée, ce qui est peu de chose; mais il peut venir ainsi par les seules forces de la nature, d'où je conclus que les recherches scrupuleuses qu'on conseille ne menent à rien. D'ailleurs, c'est qu'un diagnostic certain est difficile dans ce cas. La cause de cette erreur, c'est de croire, comme on a fait, & comme quelques-uns font encore aujourd'hui, que la tête ne peut avoir qu'une sorte de position dans l'accouchement naturel.

ACCOUCHEMEMT PAR LA FACE. Quand les eaux sont encore dans les membranes, il est assez difficile de juger si la face se présente; mais les eaux percées, on voit si la face s'est présentée, ou elle est déjà engagée.

Les causes sont, la précipitation avec laquelle les eaux se percent; en sorte que la tête n'a pas eu le temps de s'accommoder, & de s'assujettir de la bonne maniere. Il peut y avoir d'autres causes, dont les recherches sont inutiles.

L'accouchement est alors long, difficile, les douleurs sont fortes, & l'enfant gagne peu. On sent avec le doigt des inégalités, qui sont celles de la face. Avant l'écoulement des eaux, il n'y a pas de diagnostic; on peut le présumer seulement entre deux douleurs, par ces inégalités dont je viens de parler. Chaque fois que les eaux se forment avec peine, & d'une façon irréguliere, on a droit de soupçonner qu'il y a quelque chose qui n'est pas dans l'ordre; mais on ne peut savoir quel est ce dérangement, les eaux percées; c'est le tact qui indique que c'est la face..

Cet accouchement, quoique naturel, a des inconvéniens fâcheux; on a été obligé quelquefois dans cette position d'avoir recours au forceps. On verra, comme j'ai dit pour

I

les pinces, dans l'avortement, les Auteurs qui traitent de ces inſtrumens dangereux ; mais autrement, l'enfant ne court pas grand riſque , & la mere n'en eſt pas plus malade.

Si on s'apperçoit que la face ſe préſente , ou qu'on le ſoupçonne, on ne quitte point la mere. Si la matrice eſt ſuffiſamment ouverte par les eaux, il ne faut pas héſiter. On perce les eaux ; on ſoutient la tête contre les douleurs afin de faire enſorte que la tête s'engage d'une meilleure maniere, au moins en partie ; ou ce qui eſt plutôt fait & plus ſûr, c'eſt d'aller chercher l'enfant par les pieds, ſi la face eſt déja engagée ; ce qui eſt l'uſage le plus commun , en repouſſant la tête avec aſſez peu de violence , ce qui peut ſe faire ſans chercher à la retourner , comme vouloient les Anciens ; ce qui ſeroit difficile & dangereux. La tête ſe remet, ſi l'enfant eſt petit & le baſſin aſſez grand, la nature aide toujours ; alors il eſt inutile d'aller chercher les pieds.

ACCOUCHEMENT PAR LES PIEDS. Cet accouchement eſt encore naturel , parce qu'il peut ſe faire dans l'ordre d'un accouchement naturel. Les Accoucheurs ſont bien revenus de l'ancienne idée ſur cet accouchement ; car dans tous les accouchemens laborieux, on tâche de les ramener tous à celui qu'on fait par les pieds, parce qu'ils donnent moins de peine, qu'on a plus de facilité. Toutes les fauſſes poſitions ſont réduites à celles-ci. Cet Art eſt un A.t tout nouveau. Les Anciens accouchoient bien par les pieds ; mais ils ne connoiſſoient pas ce principe de réduction.

L'enfant peut ne préſenter qu'un pied. La pointe des pieds peut être retournée de tous côtés. Dans ces poſitions , on obſerve que les eaux ne ſe forment pas bien régulierement. L'accouchement languit entre les douleurs ; on touche avec aſſez de peine de petites parties inégales, qu'on ne ſait être les pieds ou les mains. Les eaux écoulées, on ſe décide alors avec ſûreté.

On ne quitte jamais la femme , quand on ſoupçonne quelqu'accouchement difficile. L'orifice aſſez dilaté , on perce les eaux ; les pieds ſe préſentent , ayant leur pointe en arriere. On les ſaiſit avec un linge, & on les tire bien doucement. Il eſt mieux alors que la femme ſoit ſur le bord de ſon lit, les feſſes élevées ; on tire en dégageant un peu bien doucement. Point de ces grands mouvemens en fronde, comme quelques-uns font. On ſe repoſe entre les douleurs ; on ne doit tirer que dans le temps de la contraction. Si l'accouchement étoit un peu long , on porte un peu le doigt, pour amener le cordon de façon à faire l'anſe, pour qu'il ne ſoit point ſerré & erraflé. Quand il y a un peu de difficulté , on appuye une main ſur ſon ventre , & l'autre ſous les reins ; on ménage de la ſorte le cordon , l'enfant parvenu aux épaules, ſi on dégage les bras, on peut meurtrir la mere, pour une choſe inutile ; des Sages-femmes les caſſent quelquefois en voulant les dégager. Si les bras ſe tournent en l'air du côté de la tête, cela n'empêche rien. Si l'enfant paſſe ; on avance les doigts juſques ſur les clavicules , & on fait des petits mouvemens. C'eſt l'induſtrie & l'adreſſe des Accoucheurs qui doit régler alors de quelle façon on doit faire ces mouvemens. On examine la ſituation de la tête. Si elle n'eſt pas bien, on l'arrange avec les doigts.

Si l'on n'y a qu'un pied, il n'en faut pas davantage ; il eſt inutile de chercher l'autre. Par ce moyen , il importe peu qu'il y ait deux enfans. Après avoir tiré un peu , ſi le ſecond pied vient, on le ſaiſit ; s'il eſt ployé , ou la jambe vers la cuiſſe , on fait un crochet avec ſon doigt , & on accroche le pli de la jointure. Il faut obſerver dans cet accouchement de tenir la jambe , ou la cuiſſe ſerrée , & le plus proche du tronc qu'il eſt poſſible.

Si le menton s'accroche, après avoir gliſſé ſa main , le menton étant retenu ſur le ſacrum , & l'occiput ſur le pubis , on met le doigt dans la bouche, empoignant le menton. On tourne à droite , à gauche , en abaiſſant un peu , & aux premieres douleurs , l'enfant vient. Il ne faut point tirer avec le doigt dans la bouche ; on riſqueroit de déchirer la mâchoire de l'enfant ; & ceux qui conſeillent de le faire , ont bien tort.

Si le corps de l'enfant eſt mal tourné, on paſſe une main en devant & une en arriere dans leur longueur ; autrement , le demi-tour ne porte que ſur l'épine , qu'on bleſſe ſouvent. On peut donner ce petit tour de corps entre les douleurs ; mais il réuſſit mieux dans le temps de la douleur.

Quand on en vient à le tête, s'il eſt beſoin, on ſe comporte de la maniere qu'il eſt dit ci-deſſus. La main étant avancée , cela ſe fait avec aiſance.

ACCOUCHEMENT PAR LES GENOUX. L'enfant préſentant les genoux ou les feſſes , l'accouchement eſt naturel ; il eſt un peu plus long & un peu plus difficile ; mais il ſe termine ſans le ſecours de l'art. Il eſt cependant rare que l'enfant ſe préſente par les genoux. Quand cela eſt, il y en a toujours un qui avance plus que l'autre , lequel cependant n'eſt pas bien loin, la matrice oblique ou non, &c. Avant, la ſortie des eaux, il n'y a que des ſignes équivoques. Les eaux s'alongent quelquefois dans l'intervalle des douleurs ; on apperçoit un corps , qu'on préſume être le genou. Il faut beaucoup d'habitude pour en bien juger. Si les eaux ſont écoulées, on apperçoit une tumeur anguleuſe. C'eſt par la rotule que l'on diſtingue le genouil du coude. Le volume aide auſſi à le reconnoître. Le coude eſt pointu ; & en remontant la main , quand c'eſt le genou , on rencontre la cuiſſe & les parties naturelles.

Le pronoſtic n'a rien de fâcheux dans cette ſituation ; le travail n'eſt pas plus long. D'ailleurs, l'accouchement peut être plus prompt que celui qui ſe fait par la tête.

Si l'on veut laiſſer venir l'enfant par-là , il faut mettre les deux genoux au niveau l'un de l'autre ; mais ſi les eaux ſont coulées , & que les genoux ſoient avancés , ils bouchent tellement l'orifice , & ſont tellement pouſſés par la contraction, qu'on ne peut faire de travail. Il faut alors les laiſſer venir ainſi. L'on aide , en portant les doigts en forme de crochets dans les plis , derriere les genoux. Si l'enfant ne préſente qu'un genou, & qu'il ſoit grandement & fortement engagé , il faut auſſi le laiſſer venir ; mais comme il eſt à préſumer que l'autre genou eſt accroché ; on poſe la main pour le dégager , & on l'amene au paſſage ; que s'il eſt trop difficile de l'amener , il faut le laiſſer venir ; il ſe pliera ſur le ventre, tandis qu'on tirera par une cuiſſe.

Nota. Ce que je viens de donner eſt pris de tout ce que j'ai vu pratiquer dans mes études par les meilleurs Accoucheurs, de ce que j'ai vu de leurs leçons publiques , & de ce que j'ai pratiqué moi-même avec ſuccès dans les différens endroits où je me ſuis trouvé, & où mon ſecours a été utile à des Sages-femmes peu inſtruites, & embaraſſées dans des cas particuliers, ce qui arrive aſſez ſouvent. Je n'ai cité perſonne , & n'ai point donné la partie hiſtorique de l'Art d'accoucher , parce que tous les habiles Accoucheurs ſont connus, ainſi que leurs ouvrages , & que je n'ai rien à dire de nouveau ſur l'Hiſtoire de l'Art d'accoucher. Je n'ai pu m'empêcher de citer M. Petit , par l'accord qui ſe trouve entre ſes opinions & les miennes. Si je ne me ſuis pas aſſez étendu ſur la variété des Accouchemens, & que j'aie oublié quelque choſe , ce ſera par apoſtille dans un autre endroit de mes Ouvrages que j'en parlerai.

F I N.

TABLE GÉNÉRALE ET DÉTACHÉE:

Pour la commodité des Etudians: on ajoute cette Table ici, que l'on peut couper & détacher du Livre, pour parcourir les Planches & les Figures, ce qui m'a déja été demandé plusieurs fois.

ANGEOLOGIE.

Les Artéres.

LE CŒUR (*Planc. I. fig. I.*) 1. 2. 3. 4, 2 sa pointe, 1.3. sa base, 3 l'oreillette droite. (*Planc. VIII, fig. III*) 1. 2. 3. L'oreillette droite ouverte; 1. le haut de l'oreillette; 2 l'issue des veines coronaires; 3 le trou oval. *fig. V. b. c.* Le canal artériel; (*Planc. VIII. fig. IV*) le Timus *a.*

L'AORTE SUPÉRIEURE. (*Planc. I. fig. I.*) 5. Sa Courbure: (*Planc. VIII. fig. III.*) *k.* Sa crosse; *fig. V. b.*

Les Carotides (*Planc. I. fig. I.*) 6. Le Tronc commun gauche; 15 l'Interne; 16 l'Externe; 10 le Tronc commun avec la Soûclaviere.

Les Soûclavieres (*Planc. I. fig. I.*) 7, 11.
La Cervicale (*id.*) 8, 13.
La Mammaire interne (*Planc. III. fig. I.*) 4. 20. 21. (*Planc. VII. fig. I.*) *d.*
La Mammaire externe (*Planc. I. fig. I.* 57. (*Planc. VII. fig. I.*) *e.*
La Thyroïdienne (*id.*) *a.*
La Subiinguale. (*id.*) *b.*
La Maxilaire inf. (*id.*) *c.* La Maxilaire ext. (*id.*) *d.*
La Maxilaire int. (*id.*) *e.*
Ses rameaux. *f. g. h.*
Branche du Muscle Masseter *i.*
L'Occipitale (*id.*) *k.*
L'Auriculaire (*id.*) *l.*
L'AXILAIRE. *Planc. I. fig. II.* 13.
La Brachiale (*id.*) 40. *fig. II.* 40.
La Cubitale (*id.*) 41, *fig. II.* 41.
La Radiale (*id.*) 42, *fig. II,* 42.
L'inrérosseuse. (*id.*) 43. *fig. II.* 43.
Les Collatérales du bras (*id.*) 44, *fig. II.* 44.
L'AORTE INFÉRIEURE (*Planc. I. fig. I.*) 68 (*Planc. II. fig. II.*) *g.* (*Planc. III. fig. I.*) 10. (*Planc. VI. fig. V.*) *I.*
Le Tronc cœliaque (*Planc. I. fig. I.* 69. (*Planc. II. fig. II.*) Sa Coupe. *b.*
La Mesenterique supérieure (*Planc. I. fig. I.*) 73 (*Planche II. fig. II.*) *c.*
La Mesenterique inf. (*Planc. I. fig. I.*) 74. (*Planc. II. fig. II.*) *a.*
Les Reinales & Capsulaires. (*Planc. I. fig. I.*) 75 (*Planc. II. fig II.*) *h* sur le rein droit. (*Planc. I. fig. I.*) 56 iu, le gauche, &c. 57 & 58.
Les Spermatiques (*Planc. I. fig. I.*) 76. (*Planc. II. fig. II.*) *m. n.* (*Planc. III. fig. I.*) 14.

(suite)

LES ILIAQUES COMMUNES (*Planc. I. fig. I.*) 77. (*Planc. III. fig. I.*) 22 les internes (*Planc. VI. fig. V*) K. L.
Les Iliaques externes (*Planc. I. fig. I.*) 78 (*Planc. II. fig. II.*) qq. (*Planc. VI. fig. V.*) M.
L'Artère sacrée (*Planc. II. fig. II.* t.
Les hypogastriques (*Planc. I. fig. I.*) 79. (*Planc. II. fig. II.*) *r. f. s.* Planc. VI. fig. VI.) M. (*Planc. VI. fig. V*) L. *fig. VII. v.* (*Planc. VIII. fig. III.*) *m;* celles qui vont joindre le cordon.
L'Obturatrice. (*Planc. IV. fig. II.*) *c.*
L'Honteuse interne (*Planc. I. fig. I.*) 83. (*Planc. II. fig. I.*) H. (*Planc. III. fig. I.*) 26.
Les Epigastriques. (*Planc. VII. fig. I.*) *l.*
LES CRURALES. (*Planc. I. fig. I.*) 80. (*Planc. II. fig. I.*) 93.
L'Honteuse externe. (*Planc. I fig. I.*) 81. (*Planc. III. fig. I.*) 26.
La Poplitée (*Planc. II. fig. I.*) 94.
La tibiale postérieure ses anastomoses (*Planc. II. fig. I.*) 95, 97 (*Planc. IV. fig. I.*) 19.
La Tibiale antérieure (*Planc. II. fig. I.* 96. (*Planc. IV, fig. I.*) 28.
La Peroniere. (*Planc. II. fig. I.*) 98. (*Planc. IV. fig. I.*) 28.
L'ARTÈRE PULMONAIRE *Planc. I. fig. I.*) 4. (*Planc. VIII, fig. III.*) *l. fig. V. c.*

Les Veines.

LA VEINE CAVE SUPÉRIEURE (*Planc. I. fig. I.*) 17. 18. Sa Bifurcation 18 (*Planc. III. fig. I.*) 11 (*Planc. VIII. fig. III.*) 7. *i.*
Les Soufclavieres, (*Planc. I. fig. I.*) 19.
Les Jugulaires. (*Planc. I. fig. I.*) Le tronc commun des jugulaires gauches. 20 Le tronc de la droite 21. Celui de la jugulaire interne 22.
Les Vertébrales (*id.*) 23. 24.
La Mammaire externe (*id.*) 25.
Les Thorachiques inf. (*id.* 26..
L'Scapulaire (*id.*) 25.
Les diaphragmatiques. (*id.*) *i.*
Les Mediastines (*id.*) *k.*
Les Mammaires internes (*id.*) *l.*
Les Thimiques (*id.*) *m.*
Les Pericardines (*id.*). *n.*
Les Guturales, ou Trachealet. (*id.*) *o.*
L'AXILAIRE (*Planc. I. fig. I.*) 25.
La Céphalique (*id.*) 30. & *fig. II.* (*Planc. III.*) 15.

(suite)

La Basilique (*id.*) 31; & *fig. II.* Son rameau interne, 32 (*Planc. III.*) 16.
La Veine profonde (*id.*) 33, & *fig. II.*
La Mediane céphalique (*id.*) 34 & *fig. II.*
La Mediane basilique (*id.*) 35 & *fig. II.*
Les Rameaux internes de l'avant-bras (*id.*) 36.
L'Union des Medianes. (*id.*) 37.
La Mediane de Riolan (*id.*) 38, & *fig. II.* (*Planc. III.*) 17.
Les Salvateles (*id.*) 39; & *fig. II.*
Les Veines pulmonaires (*Planc. VIII. fig. V.*) *d.*
LA VEINE CAVE INFÉRIEURE (*Planc. I. fig. I.* 45 (*Planc. II. fig. II.*) ii. 11. (*Planc. VIII. fig. III*) *g. fig. IV. c. fig. V. aa.*
Les Veines hépatiques (*Planc. I. fig. I.*) 46.
Les Emulgentes (*Planc. I. Planc. I.*) 44 Ses divisions 55 (*Planc. II. fig. II.*) mm. nn. (*Planc. III. fig. I.*) 12; les Sureinales 13.
Les Spermatiques (*Planc. I. fig. I.*) 52. (*Planc. II. fig. II.*) oo. pp. (*Planc. III. fig. I.*) Leur naissance 7.
LES ILIAQUES COMMUNES. (*Planc. I. fig. I.* 60.
Les Iliaques externes antérieures (*id.*) 61; endroit d'où partent les Hypogastriques 63; leur sortie du bassin (*Planc. III. fig. I.* 23.
Les Hypogastriques, ou iliaques internes postérieures. (*Planc. I. fig. I.*) 62.
La Sciatique, (*Planc. II. fig. I.*) 87.
La grosse veine du Penis (*Planc. I. fig. I.*) 82.
La Veine ombilicale. (*Planc. VIII. fig. V.*) *f.*
LES CRURALES (*Planc. I. fig. I.*) 64. endroit d'où partent les Inguinales & les Honteuses 66 (*Planc. II. fig. I.*) 86; (*Planc. III. fig. I.*) 24.
La Saphene (*Planc. II. fig. I.*) 67; (*Planc. II. fig. I.*) 84; (*Planc. III. fig. I.*) 17, 25. e.
La Saphene externe (*Planc. II. fig. I.*) 88.
La poplitée (*id.*) 89.
La Tibiale antérieure (*id.*) 90.
La Tibiale postérieure (*id.*) 91; la Peroniere (*id.*) 92.
LA VEINE PORTE (*Planc. I. fig. I.*) 47; (*Planc. III.*) Coupe 6; (*Planc. VIII. fig. IV.*) *e.*
Le Conduit veineux (*id.*) *d; fig. III. f.*
La petite Mesaralque (*Planc. I. fig.*)
La grande Mesaralque (*id.*) 48; l'endroit d'où part la Veine ptlorique (*id.*) 50.
L'Splenique (*id.*) 51, la Cistique, la Duodenale (*id.*)

LES MUSCLES.

Les Muscles de la tête & du col.

Les Occipitaux (*Planc. I. fig. I.*) N.
Le Crotaphite (*Planc. VII. fig. I.*) *l.*
L'Sternomastoïdien (*Planc. I. fig. I.* M.) (*Planc. VII. fig. I.*) P.
Le Pterigoïdien externe (*Planc. VII. fig. I.*) 1.
Le Pterigoïdien interne (*id.*) 2.
Portion du Digastrique (*id.*) *o.*
Le Miloïhyoïdien (*id.*) 3.
Le Genihyoïdien (*id.*) 4.
L'Styloïhyoïdien (*id.*) 5.
L'Sternohyoïdien (*id.*) 6.
Le Costohyoïdien (*id.*) 7.
Le Genyoglosse (*id.*) 8.
Le Basioglosse (*id.*) 9; à côté, le Keratoglosse & l'Styloglosse.

Muscles du Corps & des extrémités supérieures.

7. Coupe de l'Oblique externe (*Planc. III. fig. I.*) aa. & dd. (*Planc. V. fig I.*) coupe L. M. (*Planc. VII. fig. I.*) *h.*
L'oblique interne (*Planc. VII. fig. I.*) *h.*

(suite)

Le Muscle droit (*id.*) *h.*
Le Piramidal. (*id.*) *l.*
Le grand Dentelé en partie (*Planc. III. fig. I.*) S (*Planc V. fig. I.*) F.
Le Deltoïde (*Planc. I. fig. I.*) A. (*Planc. III. fig. I.*) c. (*Planc V. fig. I.*) A.
Le Pectoral. (*Planc. I. fig. I.*) Coupe B (*Planc. III. fig.*) E.
Le grand Dorsal (*Planc. V. fig. I.*) B. (*Planc. III.*) extrémité F.
L'Scapulaire (*id.*) C.
Le grand rond. (*id.*) D. (*Planc. III.*) G.
Le petit Rond. (*id.*) *a.*
Le sous-Epineux (*id.*) E.
Le grand Anconé. (*id.*) G. (*Planc. III*) I.
L'Anconé externe (*id.*) H.
L'Anconé interne (*Planc. I. fig. I.*) E. (*Planc. III.*) L.
Le Brachial (*Planc I. fig. I.*) C. (*Planc. III.*) Portion M.
Le Corato Brachial. (*Planc. III.*) Portion H.
Le Biceps. (*id.*) D. (*Planc. V.*) Portion K.
Le long Supinateur. (*Planc. III.*) N; (*Planc. V.*) I.
Le court Supinateur. (*Planc. I. fig. I.*) G.
Le Cubital interne. (*id.*) H. (*Planc. III.*) R.

(suite)

Le Cubital externe (*Planc. III.* O.
Le Radial externe (*id.*) T.
Le Radial interne (*id.*) P.
Le rond Pronateur. (*id.*) Q.
Le quarré Pronateur. (*Planc. I. fig. I.*) D.
Le Sublime (*id.*) F.
Le long Palmaire (*Planc. III.*) S.
L'Extenseur commun (*id.*) V; ses tendons c.
Les premiers Extenseurs du pouce (*id.*) X; les secondes a.
Le Thenar (*id.*) *b.*

Muscles des extrémités inférieures.

Le moyen Fessier. (*Planc. III.*) K.
Le grand Fessier. (*Planc. V.*) N; son extrémité inférieure (*Planc. III.*) I; (*Planc. VI. fig. I.*) A.
Le Fasciolata (*id.*) B. Portion (*Planc. III.*) V.
Le Pectineus (*Planc. III.*) I. du côté droit ff.
Le Vaste externe (*Planc. II. fig. I.*) n. (*Planc. IV. fig. I.*) H. (*Planc. VI. fig. I.*) D. attache (*Planc. III.*) H.
Le vaste interne (*Planc. II. fig. I.*) Portion

Fin de la Table.

ERRATA.

LES *Sousclavieres*, lisez *Soûclavieres*.

Page 2, colonne 2, lign. 11, *Diaphrague*, lisez *Diaphragme*. Lign. 21, *conguis*, lisez *unguis*. Lign. 59, *ficle*, lisez *fiel*.

Pag. 3, col. 2, lign. 34, *ouraques*, lisez *ureteres*. Lign. 52, *a paru tout formé*, lisez *a paru l'embrion de la groffeur d'un gros moron, tout formé*.

Pag. 4, col. 1, lign. 43, *qui produit ordinairement la foufclaviere*, &c. lisez *la foûclaviere produit ordinairement*, &c. Lig. 63, *ainfi de que*, lisez *ainfi que de*. Col. 2, lign. 71, *bifurguent*, lisez *bifurquent*.

Pag. 5, col. 1, lign. 45, *la branche*, lisez *les branches*. Lig. 49, *coraco-bracbiale*, lisez *coraco-brachial*. Col. 2, lig. 52, *entre lequel eft le quarré pronareur. Elle*, &c. lisez *entre lequel eft le quarré pronatteur, elle*, &c. Lig. 59, *métacarpion*, lisez *métacarpien*.

Pag. 6, col. 2, lign. 7, *de la veine & porte*, lisez *de la veine porte*. Lign. 39, *ces artères*, lisez *ces branches*. Lign. 55, *aréoles*, lisez *artérioles*.

Pag. 7, col. 1, lign. 63, *tibial*, lisez *tibia*. Col. 2, lign. 34, (95), lisez (91).

Pag. 8, lign. 2, *fig. I.* 45, lisez *17 & 18..*

Pag. 9, lign. 49, (*deux tiers de nature*), lisez (*un tiers de nature*).

Pag. 10, col. 1, lign. 63, (*Planc. II.*), ajoutez *fig. IV*. Lig. 64, *lulaire.*, lisez *celulaire*. Col. 2, ligne 19, *Planche*, ajoutez Q.

Pag. 11, col. 1, lign. 32, *fupérieure*, lisez *inférieure*. Col. 2, lig. 70, (*83, fig. id.*), lisez (*83, fig. I. Planc. I.*) Lign. 75, (*M. fig. III. Planc. VI*) lisez (*M. fig. VI. Planc. VI.*)

Pag. 13, col. 1, lign. 3, *le femme*, lisez *la femme*. Lig. 23 (*n. Planche III. fig. &c.*) lisez (*r. fig. 7 6 & 7 de la quatriéme Planc. & 2 de la huitiéme Planc.*) Lign. 36, (*Voyez auffi les Planc. fuivantes*), ajoutez *de l'Expofition Anatomique des maux Vénériens*.

Pag. 16, col. 1, lig. 41, *de la onziéme*, lisez *de la deuxiéme*. Lig. 49, *le pedium du*, lisez *le pedieux ou*.

Pag. 20, col. 1, lig. 21, *tire*, lisez *tiré*. Col. 2, lign. 47, retranchez *conduit*.

Pag. 21, col. 1, lig. 2, *reinales*, ajoutez *dont on a déja parlé*. Lig. 2, (*Planc. I. fig. II.*) lisez (*Planc I. fig. I.*) Lign. 26, *fig. II.* lisez *fig. I.* Col. 2, lig. 17, 22, ajoutez *& 23*. Même ligne, *les hypogaftriques*, lisez *coupe des hypogaftriques*. Lig. 18, 7, lisez *l.* Lign. 53, (*Planc. I. fig. VII.*) lisez (*Planc. II. fig. VII.*) Lign. 67, (*fig. II. Planc. I.*) lisez (*Planc. II. fig. II.*)

APPROBATIONS.

J'ai lu par ordre de Monfeigneur le Chancelier un Ouvrage manufcrit, ayant pour titre : *Differtations & Tables indicatives des Planches d'Anatomie & de Botanique*, &c. par M. D'AGOTY pere, & je crois qu'on peut en permettre l'impreffion à Paris, ce 7 Mars 1773. GARDANE.

J'ai lu par ordre de Monfeigneur le Chancelier, l'*Expofition Anatomique des maux Vénériens*, &c. & je crois qu'on peut en permettre l'impreffion, à Paris, ce 11 Septembre 1773. MARIN.

PRIVILÉGE DU ROI.

LOUIS par la grace de Dieu, Roi de France & de Navarre : A nos amés & féaux Confeillers, les Gens tenans nos Cours de Parlement, Maîtres des Requêtes ordinaires de notre Hôtel, Grand Confeil, Prevôt de Paris, Baillifs, Sénéchaux, leurs Lieutenans Civils, & autres nos Jufticiers qu'il appartiendra ; SALUT. Notre amé A. E. GAUTIER, Nous a fait expofer qu'il défireroit faire imprimer & donner au Public un *Cours d'Anatomie, Chirurgie, Botanique & autre naturelle, en Planches gravées en couleur*, de fa compofition, s'il Nous plaifoit lui accorder nos Lettres de privilége pour ce néceffaires. A ces caufes, voulant favorablement traiter l'Expofant, Nous lui avons permis & permettons par ces Préfentes, de faire imprimer ledit Ouvrage autant de fois que bon lui femblera, de le faire vendre & débiter par-tout notre Royaume pendant le temps de fix années confécutives, à compter du jour de la date des Préfentes. Faifons défenfes à tous Imprimeurs, Libraires, & autres perfonnes, de quelque qualité & condition qu'elles foient, d'en introduire d'impreffion étrangere dans aucun lieu de notre obéiffance ; comme auffi d'imprimer, ou faire imprimer, vendre, faire vendre & débiter, ni contrefaire ledit Ouvrage, ni d'en faire aucuns extraits, fous quelque prétexte que ce puiffe être, fans la permiffion expreffe & par écrit dudit Expofant, ou de ceux qui auront droit de lui, à peine de confifcation des exemplaires contrefaits, de trois mille livres d'amende contre chacun des contrevenans, dont un tiers à Nous, un tiers à l'Hôtel-Dieu de Paris, & l'autre tiers audit Expofant, ou à celui qui aura droit de lui, & de tous dépens, dommages & intérêts ; à la charge que ces Préfentes feront enregiftrées tout au long fur le regiftre de la Communauté des Imprimeurs & Libraires de Paris, dans trois mois de la date d'icelles ; & que l'impreffion dudit Ouvrage fera faite dans notre Royaume, & non ailleurs, en bon papier & beaux caracteres ; que l'Impétrant fe conformera en tout aux Réglemens de la Librairie, & notamment à celui du 10 Avril 1725, à peine de déchéance de la préfente Permiffion, qu'avant de l'expofer en vente, le manufcrit qui aura fervi de copie à l'impreffion dudit Ouvrage, fera remis dans le même état où l'Approbation y aura été donnée, ès mains de notre très-cher & féal Chevalier, Chancelier, Garde des Sceaux de France, le Sieur DE MAUPEOU ; qu'il en fera enfuite remis deux Exemplaires dans notre Bibliothéque publique, un dans celle de notre Château du Louvre, & un dans celle dudit Sieur DE MAUPEOU ; le tout à peine de nullité des Préfentes. Du contenu defquelles vous mandons & enjoignons de faire jouir ledit Expofant ou fes ayans caufe, pleinement & paifiblement, fans fouffrir qu'il leur foit fait aucun trouble ou empêchement. Voulons qu'à la copie des Préfentes, qui fera imprimée tout au long au commencement ou à la fin dudit Ouvrage, foi foit ajoutée comme à l'original. Commandons au premier notre Huiffier ou Sergent fur ce requis, de faire pour l'éxécution d'icelles, tous Actes requis & néceffaires, fans demander autre permiffion, & nonobftant clameur de Haro, Charte Normande, & Lettres à ce contraires ; CAR tel eft notre plaifir. Donné à Paris le vingt-fixiéme jour du mois de Mars, l'an de grace mil fept cent foixante & douze, & de notre Regne le cinquante-feptiéme. Par le Roi en fon Confeil. LE BEGUE.